*Anuário Histórico
Espírita 2003*

Organização
Eduardo Carvalho Monteiro

*Anuário Histórico
Espírita 2003*

© 2003, Madras Editora Ltda.

Editor:
Wagner Veneziani Costa

Organização:
Eduardo Carvalho Monteiro

Capa:
Equipe Técnica Madras

Produção e diagramação:
ST&P
Rua Tagipuru, 235 – Cj 135 – Perdizes/SP
Fone.: (11) 3661-5212 – e-mail.: stp@grego.com.br

Revisão:
Neuza Alves
Rita Sorrocha

Impressão e acabamento:
Book RJ Gráfica e Editora
Rua.: Clark, 136 - Moóca/SP
Fone.: 6605-7344 e-mail.: bookrj@terra.com.br

Tiragem:
3 mil exemplares

ISBN: 85-7374-621-1

Co-edição:

União das Sociedades Espíritas do Estado de São Paulo
Rua Gabriel Piza, 433 — Santana
CEP 02036-011 — Tel.: (o_ _11)6950-6554
www.use-sp.com.br

Proibida a reprodução total ou parcial desta obra, de qualquer forma ou por qualquer meio eletrônico, mecânico, inclusive por meio de processos xerográficas, sem a permissão expressa do editor (Lei n? 9.610, de 19.2.98).

Todos os direitos desta edição reservados pela

MADRAS EDITORA LTDA.
Rua Paulo Gonçalves, 88 — Santana
02403-020 — São Paulo — SP
Caixa Postal 12299 — CEP 02013-970 — SP
Tel.: (0_ _11) 6959.1127 — Fax: (0_ _11) 6959.3090
www.madras.com.br

Sumário

Anuário Histórico Espírita 13
Entrevista com o Historiador Antonio Lucena —
Thaumaturgo José Luz 17
    A providencial "doença" 19
    A conversão 21
    Primeiro desafio 22
    A viagem 23
    Nasce o orador Lucena 24
    O grande desafio 25
    O manto de Gandhi 27
    Nasce o médium Lucena 27
Barão de Vasconcellos — Um precursor de Kardec no Ceará —
Luciano Klein Filho 29
Primórdios do Espiritismo no Amazonas — Samuel Magalhães 35
    Primeiros estudos e experiências 36
    Primeiros Núcleos Espíritas 41
    Atividades desenvolvidas 42
    Jornal *Mensageiro* 43
    Curso Noturno Gratuito 44
    Grupo Espírita "Filhos da Fé" 46
    Outros grupos 49
    Fundação da Federação Espírita Amazonense — FEA 51
Preservar a Memória do Movimento Espírita: Por que e Como —
Miriam Hermeto de Sá Motta 55
    Bibliografia 68
Marquês de Maricá, Médium e Precursor do Espiritismo no
Brasil — Washington Luis Nogueira Fernandes 69
Imprensa Espírita no Ceará — Marcus V. Monteiro 73

Espiritismo pelo rádio 75
Espiritismo na grande imprensa 76
Fora da Caridade não há Salvação – Origem histórica e discussão
crítica da bandeira da Doutrina Espírita — Jorge Damas Martins 79
    Origem histórica 80
    Discussão crítica sobre a bandeira do Espiritismo 90
    Salvação na visão espírita 90
    Caridade na visão espírita 91
Edynardo Weyne, o Semeador de Esperanças —
Ary Bezerra Leite 97
A Atualidade de um Pensamento na Práxis do Centro Espírita —
Wilson Garcia 105
    Dados biográficos de José Herculano Pires 109
    Bibliografia 112
Literatura Espírita: uma Breve Reflexão — Geraldo Campetti
Sobrinho 113
    Cuidado com as publicações 113
    Quanto ao conteúdo 114
    Quanto à forma 114
    Títulos que enganam 114
    Pressa em publicar 115
    Literatura mediúnica 115
    A seleção do leitor 116
    Estudar Kardec 116
    Obras de referência 117
    Direitos autorais 118
    Menos e melhor 118
Editoração Espírita no Brasil: Alguns Subsídios — Geraldo
Campetti Sobrinho 119
    Conteúdo 120
    Forma de apresentação 121
    Norma da ABNT sobre documentação 122
    Sumário e índice 122
    Capa e quarta capa 123
    Título da lombada 124
Espiritismo e Parapsicologia: Fronteiras e Limites — Jáder dos
Reis Sampaio 125
    Introdução 125
    Sobre a noção de Ciência 126
    A trajetória do conhecimento 128
    O mesmerismo e seus desdobramentos imediatos 129
    O Espiritualismo Moderno 130
    A Pesquisa Psíquica 131

Sumário

Espiritismo e Metapsíquica 133
O surgimento da Parapsicologia 137
Conceito e linhas de pesquisa 140
A pesquisa parapsicológica em universidades 142
Espiritismo e Parapsicologia: fronteiras e limites 146
Anexo 1: Pequeno vocabulário de termos parapsicológicos 148
Bibliografia 149
Principais Congressos Espíritas Internacionais —
Florentino Barrera 151
Uma Missão de Amor — Sociedade Pró-Livro Espírita em Braille
— Amber Capriles 155
História do Espiritismo em Mato Grosso — Jorge Hessen 161
    Os primórdios 161
    O passado remoto 163
    A grande arrancada 166
    O passado recente 168
    A atualidade 170
    Fontes 171
A Origem do Termo "Centro Espírita" —
Eduardo Carvalho Monteiro 173
    "Comissão central" 173
    Amplitude de ação da "comissão central" 175
    Criação do "Centro da União Spirita de Propaganda
    no Brazil" 177
    Conclusões 179
Mais que um Século — Milton Piedade Bonfante 181
    Resumo histórico 181
    Antecedentes de sua fundação 183
    Fundação do Centro 184
    Ação social do Centro 184
História Ilustrada do Espiritismo — Sinezio Augusto Griman 191
Presença do Espiritismo no Universo Filatélico 209
    Tipos de Selos, Coleções e a Temática 210
    As Sociedades Filatélicas e as Publicações 211
    Os valores comerciais 211
    Selos e Obliterações Espíritas no Brasil 212
    Carimbos Espíritas 213
    Selos e obliterações Espíritas 213
    Selos 213
    Carimbos 214
Allan Kardec e o Espiritismo 220

Pestalozzi, o mestre 221
O Pré-advento do Espiritismo 222
Uma Família da Ilha da Reunião 223
Quando, onde e como nasceu o Espiritismo 226
Quem foi o autor do Espiritismo? 227
A Sociedade Parisiense de Estudos Espiritas 228
O Livro 229
José Herculano Pires e o II Congresso Nacional
de Espiritismo 230
Herculano Pires e o existencialismo 231
Herculano Pires e Allan Kardec 231
Grandes Vultos do Espiritismo 232
Bezerra de Menezes 233
Grandes médiuns espíritas — Yvone Amaral Pereira
— obra do espírito Bezerra de Menezes 235
Um pouco de História do Espiritismo no Mundo
— Dramartugia com temática espírita — George Sand 236
Irlandeses Ilustres 237
Sarah Bernhardt 237

Obrigado, Chico

Caro Chico,
Você não foi um Imortal,
mas assombrou os acadêmicos;
você não foi um Nobel,
mas reteve no coração a Paz do Prêmio;
Você não foi um penta,
mas uma estrela inimitável que fulgiu
nos céus da Pátria do Cruzeiro;
você não foi apenas espírita,
mas pertenceu a todas as religiões.
Você partiu de mansinho,
naquele 30 de junho,
quando a festa terrena atingia o seu ápice,
mas a força implacável do tempo a devorou
e tudo adormeceu...
Você despertou, no entanto, caro amigo,
naquela outra festa, nada fugidia,
o céu brilhou, a Estrela Imortal acordou,
o Nobel Maior o envolveu
e o inscreveu nas Páginas da História Universal.
És um ser univérsico
que viveu o amálgama de todas as religiões...
O Amor triunfou...
Obrigado, Chico.

O Dever me chama

Queridos Irmãos em Humanidade,
quando me lamentarem,
saibam que esta foi minha casa por 92 anos,
mas jamais o meu lar.
Encontrareis nela o meu falso molde,
mas sabei que não sou eu.
Eu vagueio longe, muito longe, no Círculo da
Imortalidade.
Era a gaiola: o Pássaro voou.
Era a concha: a Pérola se foi.
Sigo adiante.
Não se lastimem se falta um dentre vós.
Amigos da Terra,
deixai a casa perecer,
permiti à concha apodrecer.
Quebrai a gaiola,
dilacerai os paramentos,
porque eu vagueio longe, muito longe...
Não chameis a isto minha morte.
Eu vivi, vivo e viverei...
O Dever me chama.

Anuário Histórico Espírita 2003

Meditávamos recostados no batente de uma janela sobre a memória e o tempo... o horizonte era nosso interlocutor, o infinito nossa platéia... súbito, um uivar ao longe anunciava a chegada implacável da indomada ventania, a que não fora convidada, mas que, inconseqüente, portava em seu bojo a voluptuosidade das grandes amantes. Era uma sensação estranha. Naqueles instantes não saberia dizer se ela penetrava atrevida nas nossas meditações ou se nossas meditações a absorviam em suas entranhas como a grande mãe em sua generosidade genésica. O tempo, indolente, parou. A memória apresentou-se. Tudo fundiu-se. E pudemos enxergar a não convidada em nossas meditações.

Há os que vêem assim a memória, avassaladora, terrível, destruindo plantações, arrancando telhados, batendo portas e janelas desafiadoramente, carregando consigo o prenúncio da tempestade, agitando mentes, sobressaltando corações, uivando todos os lamentos do mundo; ou aqueles outros que a consideram — a memória ou a ventania? — bem-vinda, porque a enxergam movimentando os moinhos de vento, espalhando sementes pelo campo, trazendo alegria aos galos cataventos, penteando a cabeleira dos trigais, varrendo do chão a sujeira, anunciando a tempestade que limpará o ar e que gesta a bonança em seu ventre, parecendo, o seu uivo, uma melodia a prodigalizar seu passado longínquo...

A memória? Ah, a memória, motivo de nossas meditações... Inscreveu-se no poderio da ventania e partiu altaneira a buscar outras gerações, outros tempos em que a pudessem reconstruir, analisar e renascer na pena ou na boca daqueles que gostam de contar histórias na soleira de uma janela...

O *Anuário Histórico Espírita* foi idealizado para marcar, a cada ano de sua existência, um filho gestado no ventre dessa ventania que levará as sementes do passado a serem identificadas pelas árvores do futuro na construção de uma cultura surgida dos pioneiros do magnetismo animal e da homeopatia; enraizada no trabalho da codificação espírita; solidificada e amadurecida no decorrer dos anos como uma filosofia universalista de bases morais ou religiosas com a devida comprovação científica.

E para compreender-se o Espiritismo e sua importância no tempo e no espaço, torna-se necessário resgatar sua memória e inseri-la no meio em que ela nasceu (França) e nos lugares onde floresceu, sendo o Brasil o solo onde suas sementes mais germinaram. Uma coletividade que não mantém vivas suas raízes tende a conspurcar-se de doutrinas estranhas e despersonalizar-se no avançar dos anos. Recorramos aqui a Miriam Hermeto, uma de nossas articulistas deste *Anuário*, que coloca proficientemente a questão:

Como qualquer movimento religioso, o movimento espírita insere-se na cultura de um povo — sendo seu gerador e, ao mesmo tempo, por ela gerado. Se, por um lado, tem características singulares com relação a outras religiões, por outro, reflete a marca de aspectos sociais, culturais e conjunturais do país e da região em que se desenvolve.

O direito à cultura deve ser garantido a todos os grupos sociais, no que se refere à produção, mas também à apropriação. Em outras palavras, todo grupo social tem direito a produzir cultura e a se apropriar da cultura que ele próprio produz e daquela em que está inserido. Mas, muitas vezes, não se conhece a existência destes direitos e tampouco se reconhece a sua importância.

Para um grupo social, apropriar-se da cultura — a que ele próprio produz e aquela na qual se insere — implica resgatar sua memória, o que lhe permite identificar a origem de tradições e hábitos que compõem seu cotidiano. Conhecer sua memória é um processo que pode, ainda, fornecer referências para reconhecer como e por que determinadas tradições, crenças e valores têm se mantido e sido legitimados ao longo do tempo, avaliando quais deles se quer e se deve manter.

É também a memória que lhe dá elementos para analisar estas práticas, a fim de avaliar sua consonância com os objetivos do próprio grupo e com o bem-estar da coletividade como um todo.

Conhecer a memória e analisá-la é um passo importante para conhecer a história e para compreender o presente do movimento espírita: práticas, costumes, idéias, literatura, expoentes, instituições, alianças, dissensões...

Este *Anuário*, que se pretende editar regularmente, tem essa finalidade de contribuir para o resgate da memória do Espiritismo no Brasil e no mundo, além de apresentar novos autores dos mais variados rincões, alguns vindos do meio acadêmico, outros simplesmente tarefeiros do movimento espírita, mas não menos importantes para a divulgação doutrinária.

Trata-se, este compêndio, de uma extensão ou conseqüência dos trabalhos da *Liga Nacional de Historiadores e Pesquisadores Espíritas*, cujo nome pode parecer pomposo, mas que, na realidade, envolve uma estrutura muito simples e uma concepção distante dos objetivos que marcam as grandes Instituições.

A *Liga* não possui sede, estatutos, diretoria, não recolhe contribuições, não está aberta ao grande público. A *Liga* é simplesmente um cadastro de historiadores e pesquisadores espíritas em qualquer área de especialização, seja filosofia, ciência ou religião, que trocam experiências entre si, desenvolvem trabalhos conjuntos e se apóiam mutuamente em suas pesquisas. A *Liga* pode eventualmente promover congressos, encontros de seus membros e oficinas de aperfeiçoamento em várias áreas de especializações: técnicas de arquivo, editoração, informática, restauração de livros e documentos, comunicação, encadernação, recuperação de fotos antigas, etc.

Ela também não é um grupo de discussões e nem exige de seus membros qualquer tipo de obrigação ou oferecimento de trabalhos. Apenas estimula a inter-relação entre seus cadastrados para que eles próprios possam unir seus interesses, desenvolverem trabalhos conjuntos ou simplesmente se conhecerem, sem que para isso precisem prestar contas aos demais membros da *Liga*. Também se propõe a aproximar confrades pesquisadores com afinidades, aproveitando as facilidades de comunicação atuais, principalmente a Internet.

Este *Anuário Histórico Espírita* é um exemplo típico do espírito da *Liga*. Suas páginas foram abertas a contribuições espontâneas de seus membros e alguns convidados, autores conhecidos e outros que pela primeira vez estão tendo a oportunidade de serem apresentados ao público espírita.

A *Liga Nacional de Historiadores e Pesquisadores Espíritas* também visa estimular a criação de *Centros de Documentação Histórica* em todo o Brasil e a preservação da memória espírita, a exemplo dos *Centros* já funcionando em São Paulo, idealizados pela USE — União das Sociedades Espíritas do Estado de São Paulo; no Amazonas, pela Federação Espírita Amazonense; no Ceará, e no Rio Grande do Norte, por iniciativas particulares. Há necessidade premente de conscientizarmos os espíritas a preservarem sua memória, a conservar os documentos de suas Instituições, registrar em atas e reportagens fotográficas e de vídeo suas promoções, recuperar biografias de seus fundadores, etc., para que a ventania implacável não disperse nossa memória.

Esperamos com isso oferecer nossa contribuição à disseminação da cultura doutrinária espírita e à preservação da memória do Espiritismo.

Consignamos, por fim, nossos agradecimentos às Editoras USE e Madras Espírita por acreditarem e incentivarem o nosso trabalho.

Eduardo Carvalho Monteiro
Organizador do
Anuário Histórico Espírita
2003

"Uma coletividade que não mantém vivas suas raízes tende a conspurcar-se de doutrinas estranhas e despersonalizar-se no avançar dos anos".

Entrevista com o Historiador Antonio Lucena

Thaumaturgo José Luz

isitamos Antonio de Souza Lucena em sua residência onde ele mantém, há muitos anos, o maior acervo de informes biográficos de personalidades espíritas do Brasil, e o encontrarmos com a disposição de um jovem para falar de seu profícuo trabalho, apesar de seus oitenta anos de idade.

Em 1963, Lucena fundou o Museu Espírita juntamente com Wallace Leal Rodrigues, Paulo Alves Godoy, Carlos Torres Pastorino e o Cel. Jaime Rolemberg de Lima, posteriormente doado à Federação Espírita Brasileira com milhares de documentos, objetos, fotografias, etc. Participou da inauguração de inúmeros Núcleos da Cruzada dos Militares Espíritas do Colégio Militar das Agulhas Negras. Em 1969, assumiu a Tesouraria da Liga Espírita na Gestão de Aurino Barbosa Souto. No primeiro Congresso Brasi-

Antonio Lucena, na juventude, em alegre foto com a cantora Carmem Miranda

Paulo Alves Godoy um dos iniciadores do Museu Espírita.

leiro de Jornalistas e Escritores Espíritas, tendo sido um dos fundadores da ABRAJEE. Convidado por Geraldo de Aquino, foi conselheiro da Rádio Rio de Janeiro e um de seus radialistas.

Profissionalmente foi funcionário da Marinha, pela qual se aposentou, e fotógrafo da CBS Discos por 33 anos. Seu amor à discografia faz com que ele mantenha em sua casa um dos maiores arquivos fonográficos, de vídeo e de biografias e registros fotográficos de artistas ligados ao disco, cinema e teatro.

É este surpreendente homem multifacetário que fomos entrevistar no Rio de Janeiro para prestar-lhe uma homenagem na abertura deste *Anuário Histórico Espírita* como o maior historiador espírita contemporâneo e fonte de inspiração para a nova geração de confrades que se dedicam à memória do movimento.

AHE — Vamos inicialmente falar da vida do Lucena, ele como pessoa e de suas atividades espíritas em mais de 60 anos. Então, Lucena, nós queremos saber primeiro sobre sua família, sua data de nascimento, seus pais, o nome deles, seus irmãos.

Lucena — Eu nasci no dia 8 de abril de 1922, dia do *Livro dos Espíritos*, e completei agora 80 anos. Sou filho de Pedro Matheus de Lucena e Francelina Francisca de Lucena. Nasci em Recife PE. Minha mãe era a segunda esposa de meu pai; de seu primeiro matrimônio tenho um casal de irmãos: Benedito, que acaba de desencarnar quase aos 90 anos, e Ercília Lucena de Araújo, casada e com uma filha; o resto, está aqui.

AHE — Como foi a sua infância? Foi no Recife?

Lucena — A minha infância foi toda no Recife. Meus estudos foram em escola particular, depois fui para o Salesiano.

AHE — Quais as lembranças que traz dessa época?

Lucena — Lembranças muito boas, lembranças de que nessa época eu era nadador. Nadei pelo "Barrozo".

AHE — Chegou a competir então?

Lucena — É, no dia que a nadadora Piedade Coutinho foi a Recife, ela era famosa no Rio de Janeiro. Eu e o Erus Carneiro Lins nadávamos todos os dias no Rio Capibaribe, 1.500 metros por dia, e o resto do treinamento era na piscina da escola de aprendiz de marinheiro, o único lugar que tinha piscina no Recife, naquela época.

AHE — E do seu pai e da sua mãe, quais as recordações que você conserva?

Lucena — Recordações maravilhosas. Dentro de Recife, lá no bairro de São José, onde nasci. Depois, com quatro anos de idade, meu pai comprou um sítio no bairro chamado Ibitinga. Criei-me nesse bairro. E eram 200 metros de frente por 200 de fundos. Duas frentes de terreno, e esse terreno não dava para plantar coco. Papai contratou quatro empregados e plantou mangueiras. Havia 300 pés de manga, rosa, espada, várias qualidades. A minha vida era empinar papagaio, ir ao colégio, nadar, participar dos folguedos infantis.

AHE — E você fez a primeira comunhão?

Lucena — Sim, fiz a primeira comunhão. Minha avó sempre foi meio carola, e o padre me convidou para cantar na igreja. Cantar na missa, cantar no mês de maio, cantar na Ave-Maria...

A providencial "doença"

AHE — Seus dotes musicais então começaram a se revelar aí?

Lucena — Sim, começaram a se revelar aí. Bem, e eu continuava cantando lá na igreja. Minha mãe mensalmente, há 18 anos, tinha crises de bronquite asmática, principalmente na lua nova; batia a lua nova e lá vinha a bronquite. Até que um dia chegou um homem da higiene sanitária, aquele homem que verifica dentro das pias, jarros...

AHE — Vigilante Sanitário?

Lucena — Sim, ele vem ver se tem bicho, se tem mosquitos... Aí, disse ele: "Vocês já trataram essa senhora no Espiritismo?" Meu pai perguntou: "O que é Espiritismo?" E ele disse: "Minha mulher estava na Tamarineira e se curou". Tamarineira era o local para onde se levavam as pessoas que enlouqueciam, hospital de doenças mentais. Quando ela saiu, eu perguntei para minha madrinha e velha amiga de minha mãe: "Você quer ir, minha Dinda?" Minha madrinha disse: "Quero, vou com você". Aí nós fomos, era um bairro completamente diferente. Lá chegamos, uma casinha rústica com uma mesinha quadrada...

AHE — Tinha nome o Centro Espírita?

Lucena — Não, não era Centro Espírita, não. Ela era médium da Federação Espírita Pernambucana. Aí ela convidou-me e também a Dinda para ficarmos ali sentados, e foi lá dentro, pra...

AHE — Lembra o nome dela? O ano?

Lucena — Não, não lembro o nome dela. O ano era 1936. Aí foi lá dentro com o marido buscar o *Evangelho Segundo o Espiritismo* e colocaram em cima da mesa. Sentaram-se eu, minha madrinha e o casal. Ela pôs-se a rezar, e ele começou a rezar e a falar, abriu o livro, fez uma prece. Quando terminou aquilo, meu velho, a mulher dele ficou exatamente igual à minha mãe. Não avisei que ia tratar a minha mãe de

Lucena com o cientista indiano Nat Hamendras Banarjee.

bronquite asmática, e ela ficou naquela agonia. Dali a pouco ele bateu na testa dela e disse assim: "Vai embora, meu irmão, vai embora, meu irmão". Aí, ela voltou a si e baixou o Guia dela, o Guia Espiritual Dr. Aires. Desse eu me lembro, Dr. Aires. Chegou e disse: "Sua mãe não tem doença, sua mãe tem uma obsessão, e ela vai ficar boa agora. Quando você chegar em casa vai encontrá-la dormindo". Eu disse: "Deus permita que chegue em casa e encontre minha mãe realmente dormindo, as coisas vão melhorar assim", porque eram três dias em que ela ficava prostrada na cama.

AHE — Quer dizer que sua mãe não estava presente?

Lucena — Mamãe não. Eu, minha madrinha e os dois médiuns. A médium e o doutrinador. O espírito disse através dela: "Quinta-feira nós vamos na sua casa, porque sua mãe não vem aqui, ela tem medo". Mamãe tinha um medo de alma do outro mundo que se pelava, porque ela era médium desde pequenininha, ela via os espíritos. Via os espíritos como estamos vendo uns aos outros. Ela morria de medo e a gente também. Ninguém era espírita lá em casa, todo mundo católico. Ninguém sabia de nada disso.

AHE — Você voltou para casa e ela já estava boa? Dormindo?

Lucena — Sim, estava dormindo. Quando ela acordou, eu perguntei: "O que a senhora sentiu?" Nada. Ela dormiu a noite inteirinha. E foi um Deus me acuda para falar que foi um espírito que a curou. "Meu

Deus, você foi se meter com Espiritismo?" "Calma, não vai acontecer nada". Na quinta-feira, a mulher apareceu. A mediunidade da minha mãe se manifestou pela primeira vez. Ela via os espíritos e conversava com eles. A partir deste instante mamãe ficou boa. E o marido da médium disse: "Você tem de levar sua mãe à Federação Espírita Pernambucana, ou a um Centro qualquer para tomar passe, porque ela precisa de passe, se não esse espírito pode sair daí e voltar outro". Aí eu comecei a levá-la toda quinta-feira para o passe. Meu pai não acreditava em nada, mas não via nada disso. Ele só chegava às 6 horas da noite e o negócio era às 2 horas da tarde. Um dia aconteceu de ela incorporar um espírito. Aí minha mãe bateu com a mão na mesa, fez uma "zuada" e eu pensei: "Agora, além do barraco armado, minha mãe enlouqueceu", porque ela fazia loucuras, gritava, batia na mesa. E o homem veio, colocou a mão na testa dela e disse: "Você vai embora, você vai embora com esse irmão que está aqui". Minha mãe voltou e viu o resto da sessão. A médium disse que ela tinha de desenvolver a mediunidade e tomar passe. Meu Deus, o que vou fazer da minha vida! Eu comecei a levá-la na Federação Espírita Pernambucana e em um grupo que havia na outra rua. Era o Grupo "Vicente de Paulo", dirigido pela Dona Maroca, uma senhora muito boa. Eu só sei é que mamãe nunca mais teve um resfriado forte. Aí comecei a freqüentar. E ela também. Nós íamos à Federação e ao Centro São Vicente de Paulo. Eu ia mais que minha mãe, porque ela era uma dona-de-casa, estava sempre ocupada. Comprei o *Livro dos Espíritos*, o *Evangelho Segundo o Espiritismo* e o *Livro dos Médiuns*, e, comecei a ler aqueles livros. O meu pai falava: "Olha o macumbeiro!" e não sei mais o quê. Também dizia: "Deixa a macumba!" Mas minha mãe tendo se curado já estava bom.

A conversão

AHE — Você continuava no Colégio Salesiano?

Lucena — Não, mas continuava na igreja de Ibitinga, na paróquia. O Salesiano ficava longe. Eu estudava no Salesiano à noite e continuava no coral da igreja à tarde. Um dia, uma catequista me viu entrando no Grupo Espírita Vicente de Paulo e disse ao padre que estava freqüentando o Xangô. Aí o padre chegou para mim: "Me diz uma coisa, você está freqüentando o Xangô?" Aí eu disse: "Não, padre, não estou freqüentando o Xangô, não. Estou freqüentando o Grupo Espírita Vicente de Paulo". O padre era ótimo, um holandês assim de meia-idade. Muito bacana.

Mas ele foi duro demais comigo. Ele disse; "Então você escolhe". E quando eu disse que não era o Xangô, e sim, um Centro Espírita, ele disse, *é tudo a mesma coisa*, e eu respondi: "É tudo a mesma coisa nada, padre; Xangô é Xangô e Espiritismo é Espiritismo! Lá só tem o Evangelho de Nosso Senhor Jesus Cristo. A gente reza muito, a gente ora muito. "Então você escolhe ou o Xangô ou a Igreja". Nunca mais pisei na Igreja. Aí, juntei-me ao Doutor Pinheiro Ramos, ao Capitão Nelson Querence e a Dona Nina. Foi quando o Leopoldo Machado fez a primeira visita ao Recife.

AHE — Fala um pouquinho desses três.

Lucena — Dona Nina era a presidente do *Centro Espírita Investigadores da Luz*. Pinheiro Ramos era presidente do *Centro Espírita Antonio de Pádua,* no Zumbi. E o Nelson Querence era orador e vivia circulando por todo canto. Mas eram três ótimos elementos. Depois conheci Leopoldo Machado, Lins de Vasconcelos, Diolino Amorim. Era gente de primeira proa. Aí, juntei-me a eles, e ao Pinheiro, a todo lugar que ia me levava. A primeira palestra que eu vi foi com Leopoldo Machado, do Rio de Janeiro. Passou três dias lá no Recife.

AHE — E como é que foi essa palestra? Lembra dela?

Lucena — Lembro. Foi sobre a Mocidade Espírita. O Pinheiro Ramos com o Leopoldo Machado queriam lançar a Mocidade Espírita no Recife. Então eu, o Edson Holme, Deusa, minha mulher hoje, minha noiva naquele tempo, ajudamos. Um grupo muito bom de companheiros.

Primeiro desafio

AHE — Lembra de mais gente? Nomes?

Lucena — Lembro-me bem. Deusarina, Ana Eliza, Tavares, Armando, Nei Pietro Peres, Moro Pietro Peres, Nina; e assim fundamos a primeira Mocidade Espírita de Recife. Era a Mocidade Espírita do *Centro Espírita Investigadores da Luz*. Dali do Investigadores o Leopoldo disse: "Onde vocês puderem, lancem uma mocidade". Dali a três meses estavam lançadas 13 mocidades. Isso em 1947, no Recife. No final de 1947, nós recebemos um convite para participar do 1º Congresso de Mocidades Espíritas do Brasil. Foi aquela alegria tremenda. Todo mundo era gente pobre; o mais rico, que era eu, não tinha nada; só meu pai que tinha um sítio. Aí nós

Dr Arthur Lins de Vasconcelos Lopes, grande benfeitor do movimento espírita.

Chico Xavier e Lucena.

começamos a fazer teatro, vender jornal, lata velha, vidros, garrafas, tudo que encontrava, para arranjar dinheiro para a viagem. Mas o Nelson Querence era amicíssimo de Leopoldo Machado e Lins de Vasconcelos. O dia do Congresso havia chegado. Quando foi em fevereiro/março havia 13 representantes de Mocidade dispostos a viajar, mas não tínhamos dinheiro, contou o Leopoldo Machado ao Lins de Vasconcelos. A resposta veio imediatamente: ele mandou 13 passagens de navio. Lins era um homem de posses e muito generoso quando se tratava de movimento espírita. Nós viemos pelo Itamaje. Veio o Querence, a Nina e mais treze companheiros da Mocidade. A Nerissa e a Deusa também vieram. Éramos nove rapazes e quatro moças.

A viagem

AHE — Qual é a recordação que você tem do Lins de Vasconcelos?

Lucena — A melhor possível. Lins de Vasconcelos não deixava ninguém quieto. Não deixava passar fome. Chegava lá, pediu, levou. O Lins de Vasconcelos, como amigo de Querence, achou que devia mandar as passagens. Então foi a caravana maior e de mais longe que compareceu, porque teve de Minas Gerais e São Paulo. Compareceu muita gente, cerca de 60 a 70 pessoas para o Congresso. Agora, o maior que teve foi o nosso: 13 pessoas. A Bahia foi 4, o resto, 2 ou 3 pessoas. O Congresso foi a festa mais bonita de que já participei no movimento. O 1º Congresso de Mocidades Espíritas do Brasil. Foram 8 dias. Nós começamos dia 18 e terminamos no dia 25 de julho de 1948. Ainda fizemos passeio no Pão de Açúcar.Tudo patrocinado pelo Lins de Vasconcelos. Visitamos o Cristo Redentor, circulamos de bonde no Rio de Janeiro, onde tinha bonde a gente ia. "Tava" lá o grupo todo cantando. O Nelson Querence mais o Sebastião Macedo fizeram duas músicas muito bonitas, e trouxemos lá do Congresso. É um hino

do Espiritismo: Doutrina de Amor e Luz. E a outra foi uma canção que a gente veio cantando no navio: Balançando o navio.
AHE — Já existia a *Canção da Alegria Cristã*?
Lucena — Já! Foram as pessoas do Pará que trouxeram a *Canção da Alegria Cristã*. Saímos de lá no dia 10 de julho de 1948. O navio demorou oito dias. Nós chegamos aqui, estava todo mundo nos esperando, foram buscar a gente na Praça Mauá. Foi uma festa linda. A Praça Mauá estava repleta de moças e rapazes espíritas, todo mundo cantando. Aí passou o Congresso e eu fiquei hospedado na casa do Doutor Carlos Imbassahí quase seis meses. Era funcionário do Ministério da Marinha e ninguém conseguia ser transferido, mas o ajudante de ordens do Ministério era amicíssimo do Imbassahí. Aí ele disse: "Isso é besteira, eu vou arranjar rápido...". Levou o meu nome, meu número... Tudo foi arranjado ali mesmo, no Centro de Armamento da Marinha, na ponta de Niterói.
AHE — Você queria vir para o Rio?
Lucena — Eu queria vir para o Rio, tanto que viemos 13; 12 voltaram e eu fiquei.
AHE — Já nessa época do Congresso?
Lucena — Já nessa época. Aí eu fiquei na UMEN, União da Mocidade Espírita de Niterói e na Federação Espírita de Niterói.

Nasce o orador Lucena

AHE — Então começou sua jornada espírita no Rio...
Lucena — Sim. Começamos com a campanha do quilo. Nós arregimentamos todos do Centro que freqüentávamos para a campanha. Os velhos do Centro ficaram bravos dizendo que queríamos tomar o Centro. Foi quando nós, um grupo da Mocidade, principalmente, fizemos o Centro Espírita Seara Fraterna, que completou há pouco 43 anos. Aí passei para a Liga Espírita. O Aurino Souto convidou-me para ser Diretor da Liga, eu não queria, porque Paiva Mello já era Diretor e Paiva era meu companheiro de farda. Eu fui convocado para o Exército de Recife. Paiva também foi. Paiva disse: "Você tem de aceitar". Aí eu fiquei na Liga e no Centro Espírita Seara Fraterna. Mais uma vez Paiva Mello falou-me: hoje quem vai me substituir é você. Eu disse: "Hoje não, amanhã. Nunca fiz palestra, não vou fazer palestra nenhuma não!". Ele respondeu: "Pois você vai fazer a palestra amanhã no meu lugar". Aí eu passei quase a noite toda estudando o tema. E quando foi no outro dia, eu falei por uma hora e dez minutos. A partir daí eu não parei mais, ia a todos os bairros aqui do Rio de Janeiro fazer palestras, até 1963 quando fundei o Museu Espírita do Brasil.

Plenária do 1º Congresso de Mocidades Espíritas do Brasil realizado no Rio de Janeiro em 1948.

O grande desafio

AHE — Como surgiu a idéia?

Lucena — O Museu Espírita do Brasil, deve-se ao seguinte motivo: um casal de ingleses esteve no Brasil e queria ver... — o nome do casal infelizmente eu não lembro. — alguma coisa sobre o Movimento Espírita. Falando com Paiva Mello, ele disse assim: "Leve-os ao *Abrigo Tereza de Jesus, Casa de Amparo Teresa Cristina"*. Levei-os também à casa de Aurino. Pensei que eles ficariam satisfeitos. Mas eles não queriam ver obras, queriam conhecer a história, as origens do Espiritismo. Eu disse meio envergonhado que isso seria difícil. Aí eles foram embora e achei uma capa de revista. Lembro-me muito bem. Tinha uma foto de Bezerra de Menezes. Peguei aquela fotografia e dei para eles. E fiquei pensando como preencher aquela lacuna do nosso movimento. A partir daí o Professor Pastorino, com quem eu trabalhava no Grupo Espírita na Rua Sete de Setembro, disse: "Lucena, eu te ajudo, você quer o quê? Fotografia, material...". Aí o Professor escreveu para os jornais. Eu era ainda meio assim "muda de mato", apesar de estar no meio, não sabia fazer muita coisa. O Professor deu-me todas as fotografias que ele tinha e assim começou a nascer o Museu.

Deolindo Amorim.

AHE — Fale um pouco do Deolindo Amorim.

Lucena — O Deolindo passou trinta e tantos anos lá na Liga Espírita; um homem de uma cultura extraordinária, excelente caráter, o mestre de muitos de nós que convivemos com ele. Ele fundou o ICEB, Instituto de Cultura Espírita do Brasil, que funcionava na Liga. Deram uma casa para Deolindo, uma casa antiga muito boa, que era da Prefeitura, mas ele não aceitou, porque tinha uma senhora que morava lá. Deolindo disse: "Pra eu vir pra aqui, ela tem de sair".

AHE — Era para ele morar ou fundar uma outra entidade?

Lucena — Era para o Instituto de Cultura Espírita e só isso. Todo mundo achou uma coisa maravilhosa e não compreendeu suas razões. Mas era assim o Deolindo. Um homem de escrúpulos. Ele era uma pessoa muito escrupulosa. Não permitiria que aquela mulher ficasse sem lugar para morar. O Deolindo era uma grande alma.

AHE — E essa cultura que ele tinha, como é que ele passava, como eram os cursos que ele dava?

Lucena — O Deolindo era formado em Letras. Era muito culto, porque lia muito. Era um homem sábio, além da vasta cultura. Ele tinha os revisores dele como Dr. Werneck, porque era muito criterioso e queria que seus trabalhos fossem sempre irrepreensíveis. E o Doutor Werneck dizia: "Não tem quase nada pra revisar não, porque o que ele faz já está no lugar".

AHE — O Dr. Klors Werneck era mais espírita ou espiritualista?

Lucena — Espírita. Muito espírita mesmo, ele não praticou tanto quanto queria porque a mulher dele caiu, quebrou o fêmur e passou 18 anos de cama. Ele achava que quando a mulher desencarnasse ele poderia voltar à prática. O Klors Werneck foi uma pessoa sensacional.

AHE — E o Pastorino, você conheceu bem?

Lucena — O Pastorino era das religiões irmanadas; ele era espírita, mas gostava muito das religiões irmanadas. Tanto que muita gente acha que Pastorino não era espírita. Ele era espírita, porque eu sei que ele era. Ele era médium, era maçom. Pastorino falava doze línguas corretamente. Fora as que ele sabia mais ou menos. E eram línguas como chinês e línguas mortas.

AHE — Na tradução do grego que ele faz do Novo Testamento, existem muitos pontos em que você tem de rever toda sua idéia sobre o que está lá. Por exemplo: no final, quando Jesus diz: "Deus, por que me abandonastes?". A tradução dele é totalmente diferente. Então, como fica isso?

Lucena — Ele dizia que muitas coisas que estão na Biblia, no Novo Testamento, eram o dedo dos católicos, porque há muitas coisas que não aconteceram e cuja interpretação católica era equivocada.

O manto de Gandhi

AHE — Tendo o Pastorino sido seminarista, como ele se converteu ao Espiritismo?

Lucena — Foi no tempo do Pio XII, quando Gandhi foi a Roma e queria falar com Pio XII. Os Cardeais não quiseram que o Gandhi falasse por causa da roupa que ele usava. Aí ele, Pastorino, pensou: "Se Jesus chegasse aqui, eles também não deixariam entrar para falar com o Papa, então uma religião desta eu não quero". Então ele veio para o Brasil. Ele queria ser Diácono, mas conheceu o Espiritismo, a maçonaria e seus horizontes se ampliaram.

AHE — O Pastorino e o Klors Werneck eram maçons?

Lucena — Eram maçons sim.

Nasce o médium Lucena

Carlos Torre Pastorino, espírita e maçom.

AHE — O que eles comentavam disso?

Lucena — Nada, nunca me convidaram para ser maçom. Convivi 18 anos com o Pastorino, com ele desabrochou minha mediunidade, mas, graças a Deus, algumas características desapareceram. Uma vez eu levantei o braço e ele não abaixava. Tinha um espírito agarrado no meu braço. A primeira vez que recebi toda a intuição dele, eu não deixava, porque se eu disser qualquer coisa aqui, quem diz é o caboclo Lucena. Aí eles diziam: "Mas Lucena, você atrapalha demais os espíritos. Os espíritos querem falar através de você e não falam". Uma vez a Joana de Angelis chegou (ela é o meu guia espiritual) e eu achava que era uma coisa do outro mundo. O Pastorino então me disse: "Você pensa que Divaldo é dono de Joana de Angelis? O espírito baixa onde quiser (isso porque Joana de Angelis é também a mentora espiritual do Divaldo)". Uma vez eu estava lá (sou médium consciente) e dormi; ela tirou a minha consciência. Quando acordei, estava cantando a Ave-Maria com um vozeirão, quase "entro chão a dentro" de vergonha. No meio da comunicação ela me tirou; pensei: fiquei maluco. Cantando a Ave-Maria? O que é que eu tenho? Não me lembrava como é que comecei. Depois perguntei para o Pastorino: "Pastorino, como é isto? Eu cantando sem querer cantar". Ele respondeu: "Ela queria lhe mostrar que é ela que dá a comunicação para você". Agora estou freqüentando o Instituto de Cultura Espírita do Brasil, às quintas-feiras, e ela continua a se manifestar, mas não é toda semana não. Porque eu não quero cantar, e ela chega querendo cantar. Eu digo: "Isto aqui não é show". Eles falam que você vai cantar. Quinta-feira passada, a Dalva de Oliveira disse: *"Você vai cantar a Ave-Maria"*. Eu respondi: *"Ai, meu Deus, isto aqui não é show para cantar a Ave-Maria não*. Ela disse: *"Você vai cantar, porque tem muito necessitado aqui que está precisando desta Ave-Maria"*. Eu canto sem querer; e quando vi, estava cantando...

A A A A A A V E - M A R I I I A...

(Entrevista concedida a Eduardo Carvalho Monteiro e Thaumaturgo José Luz em 8 de junho de 2002).

THAUMATURGO JOSÉ LUZ, nascido em Mantena MG em 12 de junho de 1949, casado, quatro filhos, Terapeuta com mestrado em Reiki, e mais oito técnicas em Ciência Holística, espírita há mais de 30 anos, fundador do Grupo Espírita "Allan Kardec" e do programa radiofônico espírita "Momentos com Cristo", levado ao ar, diariamente, por cinco anos em Mantena; redator, no Jornal *O Trovão*, de uma coluna espírita semanal, também em sua cidade natal. Em São Paulo, foi fundador da Casa da Criança Francisco Alves, que chegou a assistir 1.850 crianças carentes. É Diretor Social da Sociedade Espírita Anália Franco, de Eldorado, Diadema; também pertence ao Grupo Espírita Mosaico de Luz (Pinturas Mediúnicas) maçonaria, sendo grau 32. thaumaturgo@ibest.com.br

Barão de Vasconcellos
Um precursor de Kardec no Ceará
Luciano Klein Filho

Segundo registram os anais da História do Espiritismo no Brasil, o primeiro livro sobre temática espiritista, em nosso idioma, apareceu no Rio de Janeiro nos idos de 1860, mercê da pertinácia de Casimir Lieutaud, imigrante francês e autor da obra *Os tempos são chegados*. Oficialmente, porém, o Espiritismo na Pátria do Cruzeiro principiou em 1865, graças ao denodo de Luís Olímpio Teles de Menezes que, na Bahia, organizou, nos moldes preconizados por Allan Kardec, o Grupo Espírita Familiar, a nossa primeira sociedade espírita. Em nossas pesquisas deparamo-nos com uma anotação de Leopoldo Machado, constante do seu livro *A Caravana da Fraternidade*[1]. Faz ele menção a um registro de seu xará Leopoldo Cirne, antigo presidente da Federação

Leopoldo Cirne, antigo presidente da FEB.

---
[1] A Caravana da Fraternidade. *São Paulo. Gráfica da Revista dos Tribunais, 1954, p. 82.*

Barão de Vasconcellos, primeiro experimentador das mesas girantes no Ceará.

Espírita Brasileira, em que este afirma ser a terra de Bezerra de Menezes o local onde teria surgido a primeira organização espírita do Brasil. Confesso, achamos estranha tal informação, visto que, comprovadamente, o primeiro grupo espírita do nosso Estado remonta à última década do século XIX.

Mas lembrando o velho ditado "onde há fumaça há fogo", questionamos a possibilidade de algum fato ocorrido por estas plagas, em meados do século retrasado, ter produzido essa afirmativa do venerando presidente da Federação Espírita Brasileira (FEB). Tempos depois, folheando um opúsculo publicado em 1904[2], por ocasião do centenário de nascimento de Allan Kardec, chegamos à resposta. Ao estudar a amplitude do movimento espírita no Brasil, o organizador da obra colhe informações de confrades dos diversos Estados. Sobre o Ceará responde o farmacêutico Catão Mamede[3], um dos pioneiros na disseminação da Boa Nova Espírita em nossa terra. Segundo Catão, concomitante às ocorrências na França, em Fortaleza, no ano de 1853, eram realizadas experiências com mesas girantes. As informações de Catão Mamede são confiáveis sobretudo devido ao fato de seu pai — igualmente farmacêutico — Antônio Paes da Cunha Mamede[4] ter participado daquelas sessões.

Leopoldo Cirne, portanto, referia-se, provavelmente, a essas experimentações. Visto por este ângulo, teria certa razão o velho Leopoldo, não obstante a inadequação da palavra espírita para designar esse tipo de reunião. Além disso, os mais antigos experimentadores da mediunidade no Brasil foram os homeopatas Bento Mure (francês) e João Vicente Martins (português), aqui chegados em 1840, que aplicavam pas-

---

[2] *"Memória Histórica do Espiritismo (Alguns Dados). Publicação comemorativa do Centenário de Allan Kardec". Rio de Janeiro. Typ. Besnard Freres, 1904, p. 57.*

[3] *Catão Paes da Cunha Mamede (1829-1914) foi abolicionista, vereador da Câmara Municipal de Fortaleza e deputado provincial. Abandonando a política, passou a dedicar-se à Farmácia Mamede, que dirigia com um irmão. Tais os seus conhecimentos da arte farmacêutica e o modo caridoso como atendia aos doentes, que se espalhou pela cidade a mística de que o doente socorrido por ele ficava imediatamente curado.*

[4] *Português, veio para Fortaleza em 1842, onde montou a Farmácia Mamede. Faleceu exatamente no dia de seu aniversário, quando completava 101 anos, em 1910.*

ses em seus pacientes e falavam em Deus, no Cristo e na caridade, quando efetuavam suas curas. Também, anteriormente, há notícias de que José Bonifácio, o patriarca da nossa independência política, fora cultor da homeopatia e empreendera algumas experiências psíquicas. E, ainda, em 1844, o Marquês de Maricá publicou um livro com os primeiros ensinamentos de fundo espírita em nosso País. É preciso, contudo, recordar que, nesse mesmo ano de 1853, o historiador e homeopata Melo Morais, no Rio de Janeiro RJ, organizou e dirigiu um grupo com a finalidade de estudar esses fenômenos. Entre seus integrantes estavam o Marquês de Olinda e o Visconde de Uberaba.

Antônio Paes da Cunha Mamede, parceiro do Barão de Vasconcellos nas experiências das mesas girantes no Ceará.

Prosseguindo nas pesquisas, identificamos o nome responsável pela condução dessas práticas de 1853, em Fortaleza. Tratava-se do comerciante José Smith de Vasconcellos, que em sua residência na Rua Formosa (hoje, Rua Barão do Rio Branco), promoveu várias experimentações.

O jornal bissemanário *O Cearense*, fundado em 1846, trouxe, pela primeira vez, no seu número de 15 de julho de 1853, notícia alusiva ao fenômeno das mesas girantes na França. Na edição de 26 de julho, do mesmo ano, o periódico, sob o título "Mesas dançantes", registrava: "Não é só na Alemanha, França, Pernambuco, etc., que se fazem experiências elétrico-magnéticas das tais mesas dançantes. O Sr. José Smith de Vasconcellos fez, no domingo, uma experiência em sua casa, na presença de muitas pessoas, com uma mesa redonda, que depois de alguns minutos rodou pelo meio da sala, até que os experimentadores romperam a cadeia!!! Neste momento presenciamos várias experiências desta".

Noticiando novamente o insólito fenômeno, *O Cearense*, de 2 de agosto de 1853, descreve outras reuniões similares na residência de José Smith de Vasconcellos, na qual se fizeram presentes figuras conspícuas da sociedade local, destacando-se, além da esposa de José Smith, os senhores Antônio Paes da Cunha Mamede, Antônio Eugênio da Fonseca, Antônio Joaquim Barros, Manoel Caetano Spínola (professor do Liceu do Ceará), o Vigário Alencar, o Dr. Castro e Silva, entre outros.

Em 1854, as experiências prosseguiam e, fato curioso, Smith, ao lado de seus companheiros, concluiu que a origem do fenômeno não se

Residência do Barão de Vasconcellos onde foram realizadas as primeiras experiências com mesas girantes no Ceará. Sobrado onde se encontra a placa "Cinema J. Pinto", cuja foto está invertida (foto da década de 1880).

devia apenas ao magnetismo animal, mas à interferência de espíritos, conclusão a que Allan Kardec só chegaria no ano seguinte. Comentando as novas experiências ocorridas na Europa, *O Cearense*, de 19 de maio de 1854, expõe que toda a fenomenologia das mesas dançantes e falantes eram simples exercícios, tímido entreabrir de cortinas para horizontes infinitos: "Hoje, porém, amestradas pela experiência, instruídas pelas lições de hábeis professores, e tendo já ascendido ao ponto mais culminante da ciência, as mesas se põem em relação com os mortos, coligem-lhe os pensamentos e transcrevem-lhe as palavras. A evocação se faz por intermédio de um iluminado, a quem se dá o nome de médium". Ao que tudo indica, neste artigo a palavra "médium" foi empregada pela primeira vez na imprensa brasileira. Infelizmente, por motivos que desconhecemos, essas sessões não criaram elos de continuidade, mas ficaram como precursoras do Espiritismo no Brasil.

Depois de algum tempo de buscas, obtivemos dados que nos ensejaram a composição da biografia deste precursor de Kardec no Ceará.

José Smith de Vasconcellos nasceu em Lisboa, Portugal, em 10 de dezembro de 1817, sendo seus pais o Conselheiro José Inácio Paes Pinto de Souza e Vasconcellos e Mary Martha Tustin Smith, natural de Worcester, Inglaterra.

Com o propósito de dedicar-se à carreira comercial, veio para Fortaleza em 13 de novembro de 1831, tangido, provavelmente, pelas convulsões políticas de Portugal, nas quais seus irmãos pugnaram. Chamava-se originalmente José Paes Pinto de Vasconcellos, nome que, a requerimento seu, lhe foi permitido modificar para José Smith de Vasconcellos. Alcunhado de José Barateiro, sobressaiu-se na praça local com uma casa "de luxo e distinção", que também se destinava ao comércio direto com o exterior, principalmente para a Inglaterra, Hamburgo e Estados Unidos, onde tinha valiosas relações. Foi o responsável pelo surgimento da primeira padaria da cidade.

Em 15 de setembro de 1837, casou-se na Matriz de Nossa Senhora da Assunção e São José de Ribamar, em Fortaleza, com Francisca Carolina Mendes da Cruz Guimarães, natural de Canindé, Ceará. Dessa união nasceram os filhos: Rodolpho, Leopoldo e Alfredo.

Homem de grande coração, foi um dos fundadores e provedor da nossa Santa Casa de Misericórdia. Abolicionista, propiciou a liberdade de muitos de seus escravos, vinte anos antes da promulgação da Lei Áurea, tendo, entretanto, a preocupação e sensibilidade para com os escravos alforriados, conforme podemos constatar em trecho de uma correspondência sua de Liverpool, datada de 22 de junho de 1868, endereçada ao Senador Tomás Pompeu, em Fortaleza:

(...) Tenho dado a liberdade a três escravos, e no vapor passado mandei libertar mais um; e não faço o mesmo com o resto, uns por serem velhos a quem a liberdade seria uma calamidade, e outros por demasiadamente moços — entretanto como não sou político, não só isto como o mais que fiz, nunca mereceu a menor atenção do Governo Imperial (...).

Exerceu, no Ceará, os cargos de vice-Cônsul da Suécia e Noruega, da Cidade Livre de Hamburgo e o de Agente Consular da República dos Estados Unidos da América do Norte. Recebeu os títulos de Comendador da Imperial Ordem de Cristo de Portugal (1870), Fidalgo Cavaleiro da Casa Real Portuguesa (1874), Comendador da Imperial Ordem de Cristo do Brasil e da Imperial Ordem da Rosa do Brasil (1883). Em 1869, foi agraciado pelo rei Luiz I, de Portugal, com o título de 1º Barão de Vasconcellos.

Posteriormente transferiu-se para a Inglaterra, onde administrou uma casa de exportação em Liverpool, com sucursal em Fortaleza. Fracassando seu comércio, mudou-se para o Rio de Janeiro, onde serviu em alguns bancos.

Apesar da vida abastada que levou, o precursor de Kardec no Ceará transpôs seus últimos dias empobrecido e doente sobre um leito. Desencarnou em 8 de outubro de 1903, no Rio de Janeiro, aos 85 anos.

LUCIANO KLEIN FILHO nasceu em Fortaleza CE, em 2 de fevereiro de 1964. É Bacharel em Administração de Empresas, licenciado em História com especialização em Teoria e Metodologia da História. Atualmente é professor efetivo de História do Colégio Militar de Fortaleza.

Preside o Centro de Documentação Espírita do Ceará, pelo qual vem realizando um trabalho de pesquisa visando ao resgate da memória do Espiritismo no Ceará. Publicou as seguintes obras: *Palavras de Vianna de Carvalho*, em 1995 (Federação Espírita do Ceará), *Vianna de Carvalho, o Tribuno de Icó*, em 1999 (Editora Lachâtre, Rio de Janeiro), *Bezerra de Menezes — Fatos e Documentos*, em 2000 (Editora Lachâtre) e *Memórias do Espiritismo no Ceará*, em 2001 (Editora DPL, São Paulo). kleinfilho@hotmail.com

Primórdios do Espiritismo no Amazonas

Samuel Magalhães

Como em toda comunidade brasileira, os fenômenos espíritas estiveram presentes na jovem Província do Amazonas no século XIX, e variadas devem ter sido suas ocorrências, sem que, entretanto, alguém buscasse uma compreensão para a realidade transcendente que sugeriam.

O registro mais antigo por nós localizado faz referência a fato insólito observado no lugar denominado Freguesia do Moura, interior da Província, que foi publicado no *Diário de Belém* e transcrito pela revista *Reformador*, órgão de divulgação da Federação Espírita Brasileira, em seu número de 15 de junho de 1884, relatando fenômenos de efeitos físicos ocorridos na casa do Tenente Antônio José Barbosa, transferido de Manaus para aquela localidade em 1882.

Tais fenômenos foram autenticados pelos Srs. Antônio Oliveira Horta, Camilo Gonçalves de Oliveira Melo, Manuel Alves de Melo, Manuel Antônio de Araújo e Joaquim Nolasco de Oliveira, por meio de correspondência, também, endereçada ao referido Diário.

Encontramos no *Reformador* de 1884 e 1885, narrativa de acontecimentos similares ocorridos em Manaus, o que sugere que, já àquela época, existiam espíritas no Amazonas, pois tais relatos dificilmente chegariam até a cidade do Rio de Janeiro, onde a mencionada revista era editada, sem que alguém, que no mínimo conhecendo o Espiritismo e as atividades da Federação Espírita Brasileira, os enviasse.

Primeiros estudos e experiências

Leonardo A. Malcher, pioneiro do Espiritismo no Amazonas.

Duas figuras extraordinárias se destacaram no surgimento e consolidação do Espiritismo no Amazonas no final do século XIX e início do século XX.

Espíritos dotados de grande força moral e de um ideal vibrante, Bernardo Rodrigues de Almeida e Leonardo Antônio Malcher dedicaram-se à Causa Espírita numa época em que até os nossos irmãos seguidores de Lutero eram perseguidos pela ala radical e conservadora do Catolicismo em nosso Estado.

A região vivia os tempos faustosos da borracha, quando muitas famílias amealharam fortuna, e a sua capital, Manaus, era conhecida como a "Paris dos Trópicos", pela imponência e beleza de suas construções, ao estilo europeu, e realizadas quase que inteiramente por construtores do Velho Continente, a exemplo do Teatro Amazonas, do Palácio Rio Negro e do Mercado Municipal de Manaus.

Vasta colônia de portugueses, nordestinos e paraenses disputavam um lugar ao sol, em meio à exuberante selva.

Bernardo Rodrigues de Almeida, o provável iniciador do Espiritismo na então Província do Amazonas, segundo nossos registros, fazia parte da enorme legião de imigrantes que nela aportara.

Embora pouco se saiba sobre ele, o primeiro *Livro de Atas da Federação Espírita Amazonense* registrou em 21 de fevereiro de 1905 a sessão realizada em sua homenagem, cuja desencarnação ocorrera quatro anos antes, trazendo relato do confrade Dr. Antônio Ulysses de Lucena Cascaes sobre a sua vida e a sua obra.

Informa-nos o Dr. Cascaes que Bernardo era de nacionalidade portuguesa, filho de pais pobres e obscuros.

Colocando-se como aprendiz de ferreiro, ainda em Portugal, tornara-se um artífice consumado e conquanto a rudeza de sua profissão, nunca desanimara ante os desafios da existência.

Os infortúnios sofridos fizeram com que, cheio de esperança, embarcasse para o Rio de Janeiro, procurando naquela cidade empregar-se em uma oficina, na qual pedia um lugar de simples ferreiro, apesar das habilidades que já havia desenvolvido em seu ofício.

Iniciando o trabalho, os seus patrões, logo reconhecendo nele aptidões pouco comuns, colocaram-no como mestre malhador, o que lhe dava certa posição de destaque junto aos companheiros.

Tempos depois, Bernardo engajou-se na Marinha, na qual prestou seus serviços nos consertos e reparações de belonaves deterioradas pelas lutas da guerra.

Em suas horas vagas aprendeu o ofício de relojoeiro, o que lhe permitiu deixar o trabalho de ferreiro para dedicar-se a uma profissão mais rentável e menos estafante.

Transferindo-se em seguida para Manaus, conseguiu amealhar alguma fortuna e edificou dois prédios na capital amazonense. Dessas edificações suscitaram-se demandas públicas, as quais culminaram para ele com a perda desses bens.

Tempos depois, atravessando dificuldades de vulto e desgostos familiares, viajou à Europa com o anseio de fortalecer-se para o embate das lutas.

João Baptista de Figueiredo Tenreiro Aranha, 1º Presidente da Província do Amazonas (1852).

Retornando a Manaus, encontrou um jornal já velho que servira para embrulhar alguma coisa, o qual falava de Espiritismo, especialmente sobre as obras de Kardec, e cuja prática agravou o crime perpetrado por certo homem. Desejando conhecer esses livros, causa de tanto constrangimento para um criminoso, adquiriu-os, mandou-os vir de fora.

Com as leituras iniciais, teve o desejo de conhecer o Espiritismo na prática. Contudo, faltava-lhe um médium.

Informado de que em Manaus existia um médium chamado Lamarão, homem simples que trabalhava como catraieiro, convidou-o para uma reunião experimental.

Depois dessa reunião realizaram várias outras, e assim, unindo prática e estudo, auxiliado por certa força de vontade, que não sabia de onde vinha, começou fazendo alguns prosélitos, e com esta semente por ele lançada nasceu o Espiritismo no Amazonas.

Na mesma Ata, o confrade Antônio José Barbosa, em se referindo a Bernardo, lembra: "Assim como São Vicente de Paula andava com sua campainha chamando os povos ao Cristianismo, Almeida andava com sua carteira homeopática curando os enfermos, tratando a uns e a outros por barracas e palhoças, restituindo com seus medicamentos a saúde dos indigentes".

Deve-se, pois, ao seu desprendimento, coragem e ideal, os primeiros frutos do Espiritismo em nosso Estado.

Entre as suas muitas contribuições, Bernardo fundou a Sociedade de Propaganda Espírita, ficando à sua frente por longos quinze anos, durante os quais trabalhou incessantemente para que não fenecesse a fé daqueles que estavam principiando no caminho da realização espiritual, sob a luz meridiana do Espiritismo.

Foi representante da Federação Espírita Brasileira e agente do Reformador[1] para o Amazonas, exercendo suas funções com dedicação e responsabilidade, a quem a FEB soube reconhecer, por meio da oferta de uma coleção completa de livros espíritas, acompanhada de correspondência inserida no *Mensageiro*, de 1º de março de 1901, que a seguir transcrevemos:

A Federação Espírita Brasileira, querendo dar a seu confrade da cidade de Manaus, no Amazonas, Bernardo Rodrigues de Almeida, uma prova do apreço em que o tem e ao mesmo tempo demonstrar a sua gratidão pelos esforços despendidos como nosso correspondente naquela cidade, resolveu ofertar-lhe a presente coleção completa. Bem sabe a Federação que não é esta insignificância, nem seria qualquer oferta de vulto, um motivo para maiores esforços: os que trabalham na obra do bem não visam jamais recompensa de qualquer ordem. Seja tal oferecimento, pois, recebido apenas como manifestação patente de sua gratidão.

É isto o que toda a diretoria incumbiu ao abaixo-assinado de comunicar ao dedicado e perseverante confrade Bernardo Rodrigues de Almeida. Capital Federal, 6 de fevereiro de 1891. — Alfredo Pereira — Tesoureiro da Federação Espírita Brasileira e gerente do Reformador.

Bernardo Rodrigues de Almeida era homem ativo, simples, probo e bondoso e, como tal, mesmo antes de tornar-se espírita, muito trabalhou em favor dos seus irmãos em humanidade.

Preocupado com a situação dos indigentes e sofredores, desenvolveu outras atividades na capital manauara, que bem atestam o seu espírito de solidariedade cristã, aliada a um lídimo e puro senso de dever.

---

[1] *Conforme* Reformador *de 1º de maio de 1891.*

Hospital da Sociedade Portuguesa, do qual Bernardo Rodrigues de Almeida foi um dos fundadores.

Nossas pesquisas revelam que ele participou da fundação da Sociedade Portuguesa Beneficente do Amazonas, onde em 1873, conforme Ata daquela Instituição, datada de 31 de outubro do mesmo ano, foi nomeado seu procurador.

Por longo período permaneceu atuante na dita sociedade, conforme podemos verificar no seu relatório de atividades do ano de 1874, na Ata de Eleição da nova diretoria, datada de 31 de outubro de 1882, quando foi escolhido para a função de tesoureiro e nos relatórios de 1892 e 1894, na qual aparece como mordomo e sócio benemérito, além de ter integrado em várias ocasiões a "Comissão de Exame de Contas" daquela Instituição.

A Sociedade Portuguesa Beneficente prestou relevantes serviços à sociedade de então, quando as condições da saúde pública em nosso país eram bem mais precárias do que as da atualidade, reservando leitos para os indigentes que nada precisavam pagar para receber tratamento em seu hospital e distribuindo, ainda, ajuda em alimentos, roupas e remédios aos necessitados de toda ordem.

Apesar das muitas atividades que tinha, além da sua casa comercial, Bernardo sempre encontrou tempo para os serviços espíritas, colocando-se entre aqueles que, inspirados pelo Mais Alto, multiplicaram os talentos que Deus lhe confiou.

Quanto à sua família, aqui no Brasil ou em Portugal, não temos documentos ou informações de quem eram, a não ser aquelas já relatadas, com base nos registros do *Livro de Atas da Federação Espírita Amazonense*, residindo ele, em Manaus, à Rua Paranaguá, nº 2 — Centro.

Já no final da sua profícua existência, participou do Grupo Espírita Filhos da Fé, fundado por Leonardo Malcher, seu amigo e companheiro, a quem muito estimava, chegando a presidi-lo por algum tempo.

Desencarnando em 21 de fevereiro de 1901, o *Mensageiro*, na sua edição de 30 de março daquele ano, estampou diversos artigos em sua homenagem fazendo, inclusive, referência à grande multidão, composta de amigos e beneficiários do seu amor, que acompanhou o sepultamento do corpo que lhe servira de morada e instrumento pelo período de 61 anos, os quais passara em serviço na Terra.

Da informação de que desencarnou em 1901, com 61 anos, podemos deduzir, na ausência de documentos que nos dêem a data exata de sua reencarnação, que nasceu por volta do ano de 1840.

Pelo trabalho desenvolvido transpôs as fronteiras do Amazonas ganhando o apreço de todos os espíritas sinceros do Brasil.

Antônio Gonçalves da Silva Batuíra, redator do jornal espírita *Verdade e Luz*, publicado em São Paulo, fez-lhe a seguinte referência, na edição daquele jornal, de 30 de março de 1901:

BERNARDO RODRIGUES DE ALMEIDA — Recebemos a notícia de ter deixado o invólucro material em Manaus, Estado do Amazonas, este grande propagandista do Espiritismo. Ainda não encontramos quem o imitasse; basta que os nossos leitores saibam que era assinante de mil exemplares da nossa Revista.

Temos certeza de que foi receber a paga do imenso desejo que nutria, para conseguir espalhar neste atrasado Planeta a verdade e a luz; pois que, como todos os espíritas, sentia-se feliz por ter encontrado esse bálsamo consolador, que se chama Espiritismo, e espalhava este bálsamo por grande quantidade de seus irmãos de exílio.

Bernardo Rodrigues de Almeida! Se muito fizestes na Terra, muito mais poderás fazer agora, que estais no espaço; muito esperamos de vós e de todos aqueles que, como vós, amam a humanidade.

Bernardo foi um daqueles homens que esqueceu de si mesmo em favor do ideal que iluminou a sua mente e o seu coração. Deu exemplo de vida para tantos quantos o seguiram e conta-se que, apesar da rudeza da enfermidade que o consumia, Bernardo a tudo suportou com heróica paciência evangélica, cônscio, certamente, de que a verdadeira vida não é na Terra e que os sofrimentos são para a alma que sabe recebê-los, precioso dom de Deus, em seu benefício e dos seus.

A sua figura tanto representou e representa para o movimento espírita amazonense, que em quase todos os anos tem sido lembrada com carinho e amor, salvo alguns esquecimentos, frutos dos descuidos na preservação de nossa memória.

Não poderíamos, pois, deixar de falar sobre a sua personalidade, a sua vida, o seu amor e o seu desprendimento, na oportunidade que temos, conquanto existam outros valorosos trabalhadores, que muito contribuíram com a sua tarefa.

Parabéns a Bernardo, o intimorato amigo e benfeitor de todos nós! Que Jesus o tenha ao Seu lado, em trabalho contínuo, pois que agindo como agiu aqui na Terra, Bernardo só pode estar em serviço constante, ao lado d'Aquele que foi, é e continuará sendo o Caminho, a Verdade e a Vida.

Fac-Símile da Revista *Verdade e Luz* em que Batuíra elogia em necrológio o grande pioneiro do Espiritismo no Amazonas Bernardo Rodrigues de Almeida.

Primeiros núcleos espíritas

A Sociedade de Propaganda Espírita, provavelmente, foi a primeira Instituição Espírita legalmente constituída no Amazonas, fundada em sua capital, tendo realizado, por longos anos, inestimáveis serviços à causa da divulgação do Espiritismo.

Conquanto o opúsculo *História do Espiritismo no Amazonas*, editado pela Federação Espírita Amazonense em 1984, coloque o Grupo Espírita Filhos da Fé como a primeira Instituição surgida no Estado, e não conhecermos a data de fundação da Sociedade de Propaganda Espírita, o periódico de sua propriedade, o *Mensageiro*, no dia 1º de março de 1901, referindo-se no seu editorial à desencarnação de Bernardo Rodrigues de Almeida, ocorrido em 21 de fevereiro do mesmo ano, assim se expressa em um de seus parágrafos: *A cadeira que ocupou no Centro de Propaganda Espírita, por ele fundado, permanece vazia* e dificilmente poderá ser preenchida. Sim, é que ele, o fervoroso apóstolo, o mestre amado, só ele, pôde ocupá-la com a dedicação, a perseverança e o interesse inquebrantável com que o vimos trabalhar sem descanso durante quinze anos.

O mesmo editorial nos informa que Bernardo teria passado treze meses gravemente enfermo antes do seu desencarne, afastado de suas atividades, o que nos leva a deduzir que a referida sociedade foi constituída entre 1884 e 1886.

O mesmo periódico, em 15 de janeiro de 1901, noticia a eleição de sua nova diretoria, conforme previsto nos seus Estatutos, dando a seguinte composição: Diretores: *Carlos Theodoro Gonçalves, Izidoro Vieira, Félix Luiz de Paula, Francelino de Araújo e Antônio José Barbosa*. Suplentes: *João Antônio da Silva, João Batista Cordeiro Mello, Olímpio Motta, João F. da Costa Fernandes e Antônio José Barbosa* e, em 15 de maio de 1902, a revista *Reformador* informa ter recebido cópia dos novos Estatutos da referida Entidade, impressa em folheto de dezoito páginas, invalidando a informação do mesmo *opúsculo*, de que até 1950 a Federação era a única sociedade espírita, devidamente organizada no Estado.

Não temos conhecimento de quando as suas atividades foram interrompidas. Carlos Theodoro Gonçalves, que compunha a sua diretoria, e era o redator do jornal *Mensageiro*, foi presidente da Federação Espírita Amazonense, de 1º de abril de 1915 a 21 de fevereiro de 1917, o que nos leva a crer que a referida sociedade ainda estava em funcionamento, pelo menos até a segunda década do século passado.

Atividades desenvolvidas

Outra anotação do referido *opúsculo* que necessita correção é a de que até 1950, a Federação era a única instituição espírita que realizava reuniões doutrinárias em Manaus. O *Mensageiro* de 15 de julho de 1901, divulgando o calendário de trabalhos da Sociedade de Propaganda Espírita, informa que esta realiza reuniões mediúnicas às quartas-feiras com início às 19h30 e conferências aos domingos (reuniões doutrinárias), às 8 horas da manhã.

Além das atividades acima mencionadas, a referida sociedade efetuava distribuição de alimentos, roupas e remédios aos necessitados; publicava quinzenalmente o jornal *Mensageiro* e fundou a escola Curso Noturno Gratuito.

Pela importância que tiveram o jornal *Mensageiro* e a escola Curso Noturno Gratuito, historiamos a seguir essas atividades.

Jornal *Mensageiro*

O seu número inicial foi publicado em 1º de janeiro de 1901, sob a direção de Carlos Theodoro Gonçalves, então presidente da Sociedade de Propaganda Espírita, com excelente impressão e clareza nos temas abordados, contando com a colaboração de vários companheiros em seus artigos, inclusive de alguns domiciliados fora de Manaus.

Até 1902, pelo que se pode verificar, as edições eram quinzenais, sendo distribuídas para quase todos os Estados da Federação, entre eles, São Paulo, Rio de Janeiro, Minas Gerais, Pará, Maranhão, Piauí, Ceará, Alagoas, Paraíba, Pernambuco, Bahia, Rio Grande do Sul, Paraná, Santa Catarina e Espírito Santo, recebendo elogios de vários periódicos da época, pela sua feitura e profundidade dos conceitos abordados.

O jornal *O Espírita Alagoano*, comentando, no seu número de 1º de março de 1901, sobre o surgimento do *Mensageiro*, assim se expressa: ...*Quando menos esperávamos, vimos um grande clarão surgir no lado norte, cujo reflexo veio desfazer suavemente a nossa tristeza e encher-nos de grande alegria. Fixamos sobre ele, ansiosos, o nosso humilde **telescópio** e reconhecemos cheios de júbilo ser o de uma estrela de primeira grandeza, que paira no horizonte, enviando-nos a sua divina luz. Essa estrela chama-se — Mensageiro.*

E o jornal *Verdade e Luz*, editado em São Paulo por Batuíra, falando do *Mensageiro*, em seu número de 31 de janeiro de 1901, assim escreve:

Mensageiro é o título de mais um denodado campeão que vem a luz da publicidade na cidade de Manaus, Estado do Amazonas.

Não nos surpreendeu o aparecimento de mais este confrade, pois, naquela capital, vivem os maiores propagandistas, que conhecemos desde que somos espíritas; são eles os Srs. Bernardo Rodrigues de Almeida e Carlos Theodoro Gonçalves.

Encontrando no início de nossas pesquisas os seus primeiros números e detendo-nos na leitura de seus artigos, percebemos gratificados o grande ideal que animava aqueles que o editavam. É digno de nota a emoção que transborda de suas letras, demonstrando que o pioneirismo espírita no Amazonas era dos mais fervorosos que já se teve notícia.

Não temos informações de que o referido jornal tenha circulado continuamente a partir de 1902. Documento datado de 16 de julho de 1919 atesta que Carlos Theodoro doou o *Mensageiro* para a Federação Espírita Amazonense.

Conquanto só tenhamos localizado novas edições com datas a partir de outubro de 1927, e a Federação Espírita Amazonense tenha divulgado em número posterior que nos demais períodos o *Mensageiro* estava fora de circulação, o jornal *O Batista Amazonense*, de 7 de março de 1920, faz referência em artigos nele publicados pelo confrade João Severiano de Souza, a quem chama de *nobre antagonista*. Isso nos leva a convicção de que naqueles dias o *Mensageiro* estava sendo veiculado e que provavelmente foi editado em outros momentos, entre esta data e 1927, 1932 e 1974 ou, mesmo, entre 1902 e 1919.

Depois, conforme os registros efetuados no último número em nosso poder, referente ao trimestre de outubro a dezembro/1996, editado pela FEA, a segunda fase, com publicações mensais, ocorreu no período de outubro de 1927 a junho de 1932, números em nosso poder, e a terceira fase, com publicações bimestrais ou trimestrais, a partir de janeiro de 1974, sendo posteriormente interrompida mais uma vez.

Atualmente, o *Mensageiro* está sendo reeditado pela Federação, com foco na troca de experiências entre as Casas Espíritas e na divulgação e registro das diversas atividades do movimento espírita amazonense.

Curso Noturno Gratuito

Outra magnífica iniciativa da Sociedade de Propaganda Espírita foi a escola Curso Noturno Gratuito, inaugurada em 31 de julho de 1901, sendo, talvez, a pioneira do ensino sob a direção de uma Instituição Espírita em nosso país.

O *Mensageiro* de 1º de agosto de 1901 registra que compareceram à sua inauguração cerca de 500 pessoas, fazendo uso da palavra o Coronel Carlos Theodoro Gonçalves, o Tenente-Coronel Joaquim Francisco de Paula, o jornalista Eduardo De-Veechi, o Sr. Gonçalves Pereira, o Professor Cordeiro de Melo, despachante geral da Alfândega; os doutores Antônio Sidou, Luna Alencar, o Sr. José Estevan e o Professor Benjamim Melo, diretor do Colégio 15 de Novembro; sendo a cerimônia encerrada às 21h30.

Os discursos proferidos pelos oradores naquela ocasião demonstram o grande respeito de que gozava o Espiritismo no Amazonas, e dada a importância do evento para a sua sociedade, a imprensa local se fez presente por meio dos seus conceituados jornais *O Comércio do Amazonas* e *Federação*.

O Comércio do Amazonas, por intermédio do seu jornalista Sr. Antônio Monteiro de Souza, publicou em 2 de agosto, com a epígrafe "Curso Noturno", o seguinte: *Anteontem à noite teve lugar a instalação do Curso Noturno, criado pelo Centro Espírita desta Capital. A concorrência foi enorme, ouvindo-se diversos oradores que dirigiram palavras de encomio ao Centro e salientaram a utilidade da idéia. Este jornal fez-se representar, cumprimentando o Sr. Coronel*

Antonio Monteiro de Souza, jornalista de *O Comércio do Amazonas* que cobriu a inauguração do "Curso Noturno Gratuito" em 1901, em Manaus, sob os auspícios dos espíritas da cidade.

Carlos Theodoro Gonçalves, presidente do Centro.

A *Federação*, também, na mesma data, com a epígrafe "Inauguração do Curso Noturno", publicou extenso artigo, do qual transcrevemos alguns trechos: *Mais um grande, um enorme melhoramento acaba de ser introduzido em Manaus, graças, desta vez, ao esforço particular, à hercúlea vontade de um grupo de homens, de verdadeiros apóstolos do Bem, de sinceros e desinteressados propagandistas da instrução pública. Com a presença de mais de quatrocentas pessoas, entre as quais se contavam cinqüenta senhoras, realizou-se anteontem, às 8 horas da noite, a inauguração do Curso Noturno Gratuito, da Sociedade de Propaganda Espírita, na sede da mesma sociedade, à Rua São Vicente, nº 5. Foi realmente uma festa importante aquela, não só pela idéia que ela representava, como pelas pessoas que a assistiram e pelos brilhantes discursos que foram pronunciados... Agradecendo o convite que nos foi dirigido e as atenções que nos foram dispensadas, enviamos à Sociedade de Propaganda Espírita, de Manaus, as nossas entusiásticas saudações pela dupla obra de caridade que acaba de encetar, fazendo votos para que não lhe faleça nunca a coragem na continuação de tão nobre quão digno empreendimento.*

O Curso Noturno, que iniciou suas atividades com 441 alunos, fazia constar em seu programa de ensino disciplinas como português, aritmética e língua estrangeira.

Tendo como diretores os confrades Carlos Theodoro Gonçalves, Emiliano O. de Carvalho Rebello, Joaquim Francelino de Araújo, Izidoro F. das Neves Vieira e Félix Luiz de Paula, o Curso Noturno Gratuito teve tão grande aceitação que foi necessário abrir uma filial no bairro Cachoeirinha, com a finalidade de atender aos moradores daquela região.

Apesar de não ministrar aulas de Espiritismo aos seus alunos, o Curso Noturno, nas datas comemorativas do Espiritismo, suspendia suas atividades para que todos, professores e alunos, pudessem participar das conferências que eram proferidas na ocasião.

Avolumando-se a procura e dado a limitação das dependências da Sociedade Espírita de Propaganda, o Sr. Governador do Estado ofereceu dois salões de uma escola pública situada na mesma rua, para que as aulas do *Curso Noturno* ali se processassem, o que de fato ocorreu a partir de 28 de outubro de 1901.

O *Mensageiro* de 15 de dezembro de 1901 faz saber que as aulas do curso serão reiniciadas em 7 de janeiro de 1902, estando abertas as suas matrículas, entretanto, não nos foi possível, até o momento, precisar até quando as suas atividades se estenderam.

Grupo Espírita "Filhos da Fé"

Conquanto não conheçamos a data de sua fundação, a Federação Espírita Amazonense, no opúsculo *História do Espiritismo no Amazonas*, elaborado pelo seu Vice-Presidente José Cunha Campos, nos informa que consta do primeiro *Livro de Atas do Grupo*, o qual não localizamos, registros datados de 25 de dezembro de 1889, referentes a sessão inaugural para desenvolvimento de médiuns, dando-nos conta, igualmente, de que o mesmo já existia, alterando, todavia, o seu programa de trabalhos.

Participaram dessa reunião, entre outras pessoas, as senhoras Leonarda Amélia Malcher e Dyonísia Monteiro, como médiuns, além do Coronel José Cardoso Ramalho Júnior.

O núcleo foi fundado pelo Coronel Leonardo Antônio Malcher, funcionando em sua residência, sito à Rua 24 de Maio, nº 16, Manaus, Estado do Amazonas.

Leonardo foi homem de grande projeção na sociedade amazonense, nascido no sítio do rio Acará, próximo a Belém, na então Província do Grão-Pará, em 6 de novembro de 1829.

Embora os historiadores por nós consultados afirmem que era filho de Antônio Clemente da Gama Malcher, pesquisando a sua vida, verificamos em seu registro de óbito, efetuado em 30 de março de 1913 junto ao Cartório João Machado, em Manaus, que, na verdade, era filho de Félix Clemente Malcher e Rosa Maria de Lima, fato esse confirmado por seu bisneto Armando Nery, em carta a nós enviada em 7 de junho de 2002.

Félix Malcher participou do movimento popular contra o Império, que ficou conhecido na história como a *Revolta dos Cabanos* ou a *Cabanagem*[2], ocorrida naquela província.

---

[2] *A* Cabanagem *fez parte de uma série de revoltas populares ocorrida no período da Regência, contra o Império, a exemplo da* Farroupilha *no Rio Grande do Sul e a* Balaiada *no Maranhão.*

José Cardoso Ramalho Júnior, genro de Malcher, Governador do Amazonas, que freqüentava as reuniões mediúnicas no Centro Espírita "Filhos da Fé".

Preso juntamente com seu filho Aniceto e depois libertado pelos seus companheiros, tornou-se o primeiro presidente cabano, não se demorando, entretanto, no poder, sendo assassinado por seus próprios correligionários, em 1835.

Segundo Armando Nery, Leonardo Malcher foi educado em Portugal, onde travou seus primeiros contatos com a Doutrina Espírita, retornando ao Brasil como mestre-de-obras, hoje Engenheiro Civil, apesar de alguns de seus biógrafos e o *opúsculo* da FEA trazerem a informação de que ele apenas havia cursado o primário, sendo um homem de poucos recursos intelectuais.

Vindo estabelecer-se em Manaus, casou-se com D. Maria Raimunda Nonata, com ela tendo os filhos Leonarda Antônia Malcher e Escolástico Antônio Malcher, este equivocadamente registrado por alguns como Escolástico Clemente Malcher.

Em suas atividades de construção civil, aliou-se ao português José Cardoso Ramalho, também mestre-de-obras, estabelecendo com ele a firma Malcher & Ramalho, responsável pela edificação de várias obras na cidade de Manaus, entre elas a Igreja de São Sebastião e a sede do Governo Municipal.

Leonarda Amélia Malcher, que, apesar de não ser sua filha biológica, foi por ele legitimada como tal, casou-se com o filho do seu sócio, o Sr. José Cardoso Ramalho Júnior, de cuja união nasceu Judith Margarida Ramalho Malcher.

Desencarnando D. Amélia, Ramalho Júnior casou-se com Leonarda Antônia Malcher, com quem teve as filhas Magnólia Ramalho Malcher, em 1896, e Myosótis Ramalho Malcher, em 1899.

Os descendentes diretos de Malcher são filhos e netos de D. Magnólia, desencarnada em 1994, já que nem Escolástico nem Myosótis tiveram filhos.

Sempre preocupado com o bem-estar de seus semelhantes, atuou na política amazonense, sendo declarado abolicionista, promovendo, de quando em quando, comícios pelas ruas e praças da cidade, em favor dos interesses das classes menos favorecidas.

Foi várias vezes Vereador e Intendente — atual cargo de Prefeito —, lutando sempre contra aqueles que desvirtuavam as funções públicas.

Pelo seu desempenho, em janeiro de 1892, à frente da luta do povo contra o governo despótico de Gregório Thaumaturgo de Azevedo, então Governador do Estado do Amazonas, a Intendência Municipal de Manaus, em 9 de março do mesmo ano, determinou que a Rua Tarumã passasse a ser denominada Rua Leonardo Malcher[3], nome que conserva até hoje.

No seu afã de contribuir com os seus semelhantes, Malcher fundou uma associação em defesa dos escravos, com o nome de *Redenção*; organizou os operários em torno de uma entidade chamada *União Operária*, sendo, certamente, um dos primeiros homens públicos do Brasil a defender a classe trabalhadora e, alma sensível, também criou a Sociedade Atheneu das Artes, presidindo-a em várias ocasiões, sempre com denodo, caráter e lhaneza de trato.

O seu genro José Cardoso Ramalho Júnior ingressou, também, na política local, desempenhando, inclusive, com aprovação geral, o cargo de Governador do Amazonas, no período de 1898 a 1900, em substituição ao titular da cadeira, o Dr. Fileto Pires que havia renunciado.

Se Malcher ofereceu enorme contribuição no meio social e político do Amazonas, foi, sobretudo, no meio espírita que ele nos deixou o seu maior legado.

Foto de 1910 da rua 24 de maio (Manaus), onde nasceu Malcher.

---

[3] *Conforme publicado no jornal* Amazonas *de 10 de março de 1892.*

Participou ativamente da constituição da Federação Espírita Amazonense — a segunda federada espírita estadual a ser efetivada no Brasil —, oferecendo não só a sua residência para as reuniões, até a inauguração de sua sede própria, mas doando um terreno para a sua construção, conforme documentação em nosso poder.

Após ter realizado a referida doação, com escritura lavrada no Primeiro Tabelião de Notas, João Reis, de Manaus, Malcher construiu com recursos próprios o prédio da Federação, onde ainda hoje funcionam atividades vinculadas a FEA, e onde se lê na fachada, em alto relevo, as palavras: *Templo da Verdade*.

Malcher integrou, ainda, a comissão encarregada de elaborar o primeiro Estatuto da Federação, sendo declarado seu Presidente Honorário, na Reunião de Diretoria de 7 de abril de 1904 e Vice-Presidente da Instituição, conforme ata de diretoria datada de 4 de dezembro do mesmo ano.

Nos últimos dias de sua existência terrena Leonardo Malcher ficou diabético e de 1912 até a sua desencarnação, ocorrida em 29 de março de 1913, viveu numa cadeira de rodas. Seu bisneto Armando Nery, disse-nos que, segundo D. Magnólia, ele gostava muito de brincar com suas netas, e sempre ao cair da tarde pedia que ela empurrasse a cadeira na descida da Rua Eduardo Ribeiro, solicitando sempre que a neta, mãe de Armando, corresse e subisse também, sorrindo de alegria, qual uma criança feliz.

Os jornais da época noticiando a sua *morte*, falavam dele com carinho, respeito e admiração, ressaltando-lhe as qualidades de homem de bem, perfeitamente integrado com os princípios augustos da Doutrina de Jesus.

Com a sua partida, a família espírita amazonense deixou de ter a convivência material de tão abnegado trabalhador, mas, certamente, do Mundo Espiritual, Malcher continuou a tarefa que havia iniciado na Terra.

Outros grupos

Muitos outros núcleos existiam em atividade naquele tempo. Infelizmente, ainda, não nos foi possível levantar maiores dados sobre a constituição desses grupos e suas atividades.

Para que tenhamos uma idéia da dimensão de como era o nascente movimento espírita amazonense, relacionamos a seguir, algumas instituições de que temos notícias, fundadas até janeiro de 1904.

Sociedade de Propaganda Espírita — Presidente: Carlos Theodoro Gonçalves.
• Grupo Espírita Filhos da Fé — Presidente: Leonardo Antônio Malcher.
• Grupo Espírita Consolo dos Aflitos — Presidente: Antônio Lucullo S. e Silva.
• Grupo Espírita Fé, Amor, Perdão e Caridade — Presidente: Manoel S. Castro.
• Grupo Espírita Resignação dos Discípulos de Jesus.
• Grupo Espírita S. Vicente de Paula — Secretário: Luiz Facundo do Valle.
• Grupo Espírita Fraternidade e Moral — Presidente: Pedro Paulo Vieira.
• Grupo Espírita Amor, Perdão e Caridade — Secretário: Manuel Bluhum.
• Grupo Espírita Caridade e Resignação — Presidente: Bento José de Lima.
• Grupo Espírita Perdão, Amor e Caridade — Presidente: Francisco Nogueira.
• Grupo Espírita Luz e Caridade — Presidente: Gonçalo Rodrigues dos Santos.
• Grupo Espírita Paz, Perseverança e Fé — Secretário: Raimundo N. da Cunha.
• Grupo Espírita Caridade e Indulgência — Presidente: Antônio José Barbosa.
• Grupo Espírita Experimental — Presidente: Solon A. M. Henrique.
• Grupo Espírita Amor e Fé — Presidente: João Antônio da Silva.
• Grupo Espírita Paz, Perseverança e Fé.
• Grupo Espírita Caridade à Sombra.

Além dos grupos acima relacionados, o *Mensageiro,* de 1º de setembro de 1901, veicula a notícia da fundação de um Centro Espírita, na localidade de nome Codajaz, interior do Amazonas, tendo como Presidente o Sr. Joaquim de Assis. O nome da nova Instituição não foi mencionado.

Pelo que se sabe, a maioria desses grupos funcionava em casas de família, conquanto tivessem estatutos e diretoria formada, o que denota uma certa organização, que culminou, em 1904, com a fundação da Federação Espírita Amazonense.

De todos eles, o *Caridade e Resignação* é o único que continua com suas atividades, tendo os demais desaparecido ou mudado de nome.

Fundação da Federação Espírita Amazonense — FEA

O trabalho desenvolvido pelos pioneiros Bernardo Rodrigues de Almeida, Leonardo Antônio Malcher e outros não só havia difundido os Princípios Espíritas no Amazonas, mas, sim, formado uma sólida fraternidade entre aqueles que o professavam.

Diz-nos Carlos Theodoro Gonçalves, por meio do Jornal *Mensageiro*, que Bernardo de Almeida havia aglutinado em torno de si todos aqueles que se identificavam com a Doutrina de Allan Kardec, estabelecendo, desde então, as balizas para a segura constituição de uma Entidade Federativa.

Sendo representante da FEB para o Estado, possuindo elevado senso de dever e percebendo o quanto seria oportuno a criação de um órgão federativo estadual que pudesse coordenar e apoiar, inclusive com orientações, as atividades dos diversos Grupos Espíritas existentes, Bernardo, desde cedo, procurou ser o elo entre aquelas Instituições.

O seu trabalho culminou, mesmo após o seu retorno à Pátria Espiritual, com a criação da Federação Espírita Amazonense, em 1º de janeiro de 1904, dando uma nova e sustentada conformação ao movimento espírita local.

O primeiro *Livro de Atas da Federação*, aberto pelo confrade João Antônio da Silva, nos informa que as duas primeiras reuniões preparatórias ocorreram na residência do Sr. Joaquim de Carvalho, sito à Praça General Osório, nº 15, contando sempre com elevado número de companheiros, representantes de quase todos os Grupos Espíritas existentes em Manaus.

Dentre aqueles que participaram dessas reuniões estão Leonardo Antônio Malcher, Antônio José Barbosa, Maria Alyria Pereira Tavares, Maria Amélia Taveira, Amélia Augusta Taveira, Emiliano Olympio de Carvalho Rebello, Francisco da Costa Nogueira, Eufrásio Ferreira da Motta, Ismael Sesar Paes Barreto, Joaquim Francelino de Araújo, Antônio Ulysses de Lucena Cascaes, Manuel dos Santos Castro, Belarmino Moreira de Mattos, Gonçalo Rodrigues dos Santos, Manuel Bernardo Maia, Antônio Maria Thomás da Rocha, Antônio Lucullo de Souza e Silva, Idelfonso Pereira de Amorim, João Carlos da Silva Jathay, Lins do Valle, Pedro Paulo das Neves Vieira, Marcolino Rodrigues, João Antônio da Silva, Manuel Bluhum, Bento José de Lima, Solon A. M. Henrique, Pontius L. Acarin, Joaquim Feliz da Cunha, Targino J. de Brito, Nagib Leeda Lasmar, Luiz Facundo do Valle, José Berson Brandão, Francisco Raposo, Thereza Miranda, Maria Miranda, Jonathas Fernandes,

Edifício que abrigou a 1ª Sede da Federação Espírita Amazonense construída por Malcher e inaugurada em 2/10/1904.

Nilo Batista, Manuel Montenegro, Raimundo Nonato, David Malcher e Firmina da Silva, representando os seguintes Grupos Espíritas: Filhos da Fé; Consolo dos Aflitos; Fé, Amor, Perdão e Caridade; Resignação dos Discípulos de Jesus; S. Vicente de Paula; Fraternidade e Moral; Amor, Perdão e Caridade; Caridade e Resignação; Perdão, Amor e Caridade; Luz e Caridade; Paz, Perseverança e Fé; Caridade e Indulgência; Experimental; Amor e Fé; Paz, Perseverança e Fé.

Com o objetivo de viabilizar a primeira reunião, os organizadores da idéia fizeram publicar na imprensa local um convite específico a todos os espíritas amazonenses, bem como distribuíram impressos a todas os Grupos.

Atendendo ao referido convite, muitos foram os que compareceram naquela sexta-feira de 1º de janeiro de 1904, às 8 horas da manhã, tendo presidido a sessão o Sr. Antônio José Barbosa, Presidente do Grupo Espírita Caridade e Indulgência.

Definidos os rumos a serem trilhados pela Nova Instituição, foi estabelecida uma comissão para a elaboração da sua Lei Orgânica e fixada a data de 10 de janeiro para o próximo encontro.

Integravam essa primeira comissão os Srs. Antônio José Barbosa, Emiliano Olympio de Carvalho Rebello, Joaquim Francelino de Araújo, Antônio Ulysses de Lucena Cascaes e Antônio Lucullo de Souza e Silva.

A partir da terceira reunião e até a inauguração da sede própria da Federação, os encontros foram realizados na residência do Coronel Leonardo Antônio Malcher, sito à Rua 24 de Maio, nº 16, em Manaus.

No dia 17 de janeiro, já com o nome da Entidade definido na reunião do dia 10 do mesmo mês, nova comissão foi formada para ordenar as propostas de estatutos apresentadas, com a finalidade de elaborar o seu texto definitivo. Para essa comissão foram escolhidos João Antônio da Silva, Leonardo Antônio Malcher e Antônio Lucullo de Souza e Silva.

Numa homenagem a Bernardo Rodrigues de Almeida, a leitura e votação dos Estatutos, bem como a eleição da primeira diretoria, foi realizada no dia 21 de fevereiro, ficando aqueles aprovados e a primeira diretoria da Federação Espírita Amazonense assim constituída: Presidente — João Antônio da Silva; 1º Vice-Presidente — Manuel dos Santos Castro; 2º Vice-Presidente — Solon Antônio de Miranda Henriques; 1º Secretário — Marcolino Rodrigues; 2º Secretário — Luiz Facundo do Valle; Tesoureiro — Joaquim Francelino de Araújo.

Estava criada a Federação Espírita Amazonense, aprovada a sua Lei Orgânica e eleita e empossada a sua primeira Diretoria.

Já em 7 de maio de 1904, a Ata de Reuniões da Federação registra que Leonardo Malcher oferecia um terreno, situado à Rua José Clemente, para que fosse edificada a sede da Instituição.

Com seu espírito idealista e o desprendimento que sempre o caracterizou, Malcher legalizou a transferência do terreno em 23 de março de 1904 por meio de Escritura de Doação passada no Tabelião de Manaus, construindo com recursos pessoais a sede própria da Federação, conforme referimos anteriormente, sendo a mesma inaugurada em 2 de outubro de 1904, para que no dia seguinte fosse comemorado o centenário de reencarne de Allan Kardec, constando da programação do evento palestras públicas a cargo de Antônio José Barbosa e João Reis, os quais discorreram, respectivamente, sobre a vida do Codificador e dos Princípios Espíritas.

A Federação fez, ainda, publicar na ocasião, uma revista com o título *O Centenário*, editada em homenagem ao Mestre Lionês.

Com o crescimento das atividades do movimento espírita e a fundação de novos núcleos, a sede situada à Rua José Clemente, nº 410, erguida em 1904, não permitindo sua ampliação, já não mais comportava a demanda de que era alvo, tornando-se imprescindível a construção de um novo edifício que melhor se adequasse às exigências atuais.

Assim, depois de muitas lutas, foi inaugurada em 1999 a nova sede da FEA, situada à Rua Pedro Teixeira, nº 365, Bairro Dom Pedro,

Manaus, Amazonas, transformando-se o *Templo da Verdade* no *Projeto Fonte de Luz,* que conta com atividades próprias de atendimento espiritual, encaminhando, todavia, aqueles que o procuram para Instituições que melhor lhes convenham, além de servir de laboratório para o Departamento de Assistência Espiritual da Federação.

A atual diretoria da FEA, eleita em janeiro de 2002, vem realizando extenso trabalho de unificação do movimento em nosso Estado, com eventos e encontros mensais entre as diversas Casas Espíritas, estimulando o intercâmbio sadio de experiências e informações.

No que diz respeito ao resgate da memória histórica do Espiritismo no Amazonas, a Federação por meio da sua Presidência e da sua Diretoria de Comunicação, e dado ao trabalho que vimos desenvolvendo na área, convidou-nos para ali implementarmos o *Projeto Pró-Memória*, com vistas não só à prospecção dos fatos passados, ocorridos em nosso movimento, mas, também, com o propósito de incentivarmos as diversas Organizações Espíritas, filiadas a ela ou não, a promoverem e arquivarem os registros do que acontece na atualidade.

Compõem a atual Diretoria da Federação os confrades Sandra Farias de Moraes — Presidente; Antônio dos Santos — Vice-Presidente; Amílcar da Silva Ferreira — Diretor Administrativo; Paulo Roberto Guerreiro Saraiva — Departamento de Atendimento às Instituições Espíritas; Maria Lorena Oliveira de Melo — Diretora de Evangelização; Diana de Aguiar da Costa — Diretora de Assistência Espiritual; Perina de Fátima Aguiar Costa — Diretora de Assistência e Promoção Social e Rodrigo Oliveira Junqueira — Diretor de Comunicação.

SAMUEL NUNES MAGALHÃES, nascido em Aurora CE, em 12 de agosto de 1958. Professor e funcionário graduado do Banco do Brasil. Fundador do Centro de Documentação Histórica Espírita do Amazonas e co-autor da Obra *Bezerra de Menezes — Fatos e Documentos*, organizada por Luciano Klein Filho. snmagalhaes@yahoo.com.br

Preservar a Memória do Movimento Espírita: Por que e Como

Miriam Hermeto de Sá Motta

nalisando a produção do mercado editorial espírita dos anos 90, pode-se observar que boa parte dos títulos consiste em romances e livros de mensagens e, no que tange às obras de pesquisa, observa-se maior preocupação com os temas ligados à mediunidade (a realidade do mundo espiritual, a comunicação entre os dois planos da vida, a prática da mediunidade e outros).

Certamente esses estudos são um elemento decisivo para o fato de o movimento espírita brasileiro ser, hoje, um dos mais significativos do mundo. No entanto, há poucas obras sobre a história do movimento espírita, reflexões sobre as práticas das instituições e os grupos de pessoas que o compõem. Este artigo tem como principais objetivos refletir sobre a importância de os espíritas se mobilizarem para realizar este trabalho, bem como apontar alternativas viáveis para a empreitada.

Um dos motivos para o fato de este tema não ser abordado, além do interesse de mercado editorial, é a carência de fontes em que se possa pesquisar para escrever esta história. Mas talvez a principal razão para explicar a inexistência destas pesquisas seja a falta de hábito dos integrantes do movimento espírita em refletir sobre sua própria prática e seus objetivos coletivos.

Comecemos nossa reflexão por uma pergunta básica: qual a importância de se resgatar a memória do movimento espírita brasileiro? Dora Incontri nos oferece uma boa pista para iniciarmos uma resposta:

O Espiritismo não surgiu do nada. Todas as idéias se filiam a uma história. Fazem parte da construção lenta do processo evolutivo do homem. Uma tarefa urgente aos estudiosos da doutrina é contextualizá-la, apreendê-la no devir da História, para melhor compreender suas raízes, seu desenvolvimento e sua importância no tempo e no espaço. (incontri, 1997.).

Como qualquer movimento religioso, o movimento espírita insere-se na cultura de um povo — sendo seu gerador e, ao mesmo tempo, por ela gerado. Se, por um lado, tem características singulares com relação a outras religiões, por outro, reflete a marca de aspectos sociais, culturais e conjunturais do país e da região em que se desenvolve.

O direito à cultura deve ser garantido a todos os grupos sociais, no que se refere à produção, mas também à apropriação. Em outras palavras, todo grupo social tem direito a produzir cultura e a apropriar-se da cultura que ele próprio produz e daquela em que está inserido. Mas, muitas vezes, não se conhece a existência desses direitos e tampouco se reconhece a sua importância.

Para um grupo social, apropriar-se da cultura — a que ele próprio produz e aquela na qual se insere — implica resgatar sua memória, o que lhe permite identificar a origem de tradições e hábitos que compõem seu cotidiano. Conhecer sua memória é um processo que pode, ainda, fornecer referências para reconhecer como e por que determinadas tradições, crenças e valores têm se mantido e sido legitimados ao longo do tempo, avaliando quais deles se quer e se deve manter.

É também a memória que lhe dá elementos para analisar estas práticas, a fim de avaliar sua consonância com os objetivos do próprio grupo e com o bem-estar da coletividade como um todo.

Conhecer a memória e analisá-la é um passo importante para conhecer a história e para compreender o presente do movimento espírita: práticas, costumes, idéias, literatura, expoentes, instituições, alianças, dissensões...

Mas, para que isto aconteça, é importante sabermos que rumo tomar. Cabe aqui uma segunda pergunta: como se pode resgatar a memória do movimento espírita brasileiro?

Talvez o primeiro passo para que isto aconteça sejam iniciativas pequenas e esparsas, que tenham como objetivo a reflexão sobre a prática religiosa e social dos espíritas, tais como a organização de encontros regionais — espaços para o diálogo, a troca de informações sobre assuntos variados e a interlocução de diferentes análises sobre um mesmo tema. Esses eventos podem vir a favorecer a pesquisa sobre o movimento espírita, sendo um ponto de partida para a reconstrução de uma memória presente no nosso cotidiano, mas nada sistematizada em nossas mentes.

Uma outra forma de preservar a memória é conservar documentos e fontes de pesquisa. Objetos, documentos escritos, fotografias, depoimentos orais e uma série de outras coisas que podem nos informar acerca de determinado período ou tema. "Instrumentos" que podem "responder" às perguntas que alguém faz, a partir das dúvidas e dos interesses que tem.

É a partir destes documentos, fontes de memória, que se pode escrever a história. Para isto, é necessário que haja dois elementos: as fontes históricas, como já foi dito, e alguém interessado em dialogar com elas. No momento presente, seria interessante que os grupos espíritas, de grande, médio e pequeno porte, fizessem um esforço para recolher e conservar as fontes históricas, pois a sua ausência costuma ser um dos maiores empecilhos para a construção de uma história dos movimentos sociais, quando um pesquisador se dispõe a fazê-lo.

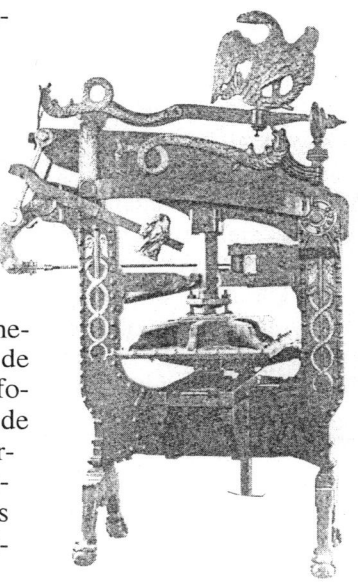

> "Conhecer a memória e analisá-la é um passo importante para conhecer a história e para compreender o presente do movimento espírita: práticas, costumes, idéias, alianças, dissensões..."

As fontes históricas estão presentes — embora não sejam vistas com estes olhos — em todas as instituições espíritas, bem como nas casas de muitos daqueles que constroem este movimento religioso. São periódicos especializados, relatórios e fotografias de eventos, correspondências pessoais ou institucionais, estatutos e regimentos ou, ainda, a lembrança dos homens que fazem a história do movimento espírita.

Nem sempre é possível identificar, recolher e guardar fontes históricas, em função até mesmo da falta de estrutura física das instituições espíritas. Mas as maiores dificuldades não costumam ser as condições físicas ou de pessoal para guardar os documentos: são a falta de hábito e de esclarecimento sobre a importância de se conservar os documentos, dar a eles uma organização mínima e torná-los acessíveis para consulta.

Particularmente no caso do movimento espírita, este não é um hábito. Verifica-se, facilmente, a ausência de registros sobre suas ações — sociais ou religiosas. À exceção dos arquivos administrativos e financeiros, não é comum encontrar documentos sobre eventos realizados nas casas espíritas: atas de reuniões; *folders* e relatórios de seminários, congressos e encontros; programações das reuniões dos grupos de estudos; fotografias de trabalhos ou festas com as comunidades assistidas; relatos dos membros dos grupos sobre suas ações coletivas — tudo isto tem se perdido no tempo e no espaço.

Um desses tipos de fontes, no entanto, não pode ser apenas guardado ou conservado: deve ser produzido. Não se pode guardar em recipientes ou gavetas as lembranças das pessoas, pois elas não são palpáveis. É possível, entretanto, registrá-las, a fim de que outros possam conhecê-las e a elas atribuir novos significados.

A este tipo de fonte, depoimentos dos sujeitos da história, chamamos fontes orais. Sua utilização é muito antiga, mas sua legitimidade na realização de pesquisas históricas modernas é relativamente recente, assim como as preocupações metodológicas dos pesquisadores com relação à sua produção e análise.

Em casos como o que ora estamos analisando — o do movimento espírita — em que boa parte dos documentos escritos e iconográficos já se perdeu e é quase impossível recuperá-los[1], a fonte oral pode cumprir um papel importante. Mesmo que os documentos palpáveis tenham se perdido, boa parte das lembranças das pessoas não esvaeceu. Cabe a nós, então, transformar estas lembranças em documentos, que possam ser analisados posteriormente.

Mas, antes de pensar em como produzir e utilizar as fontes orais na preservação da memória do movimento espírita, é interessante conhecer um pouco de sua história, para se avaliar o terreno onde pisar.

Uma das mais antigas fontes da história da humanidade, a "memória narrada", era vista pelos gregos antigos como a "fonte por excelência" dos historiadores. Para esse povo, apenas quem havia visto e vivido determinado acontecimento histórico era capaz de narrá-lo tal como teria acontecido. A história seria, então, sinônimo de memória (uma concepção diferente da que conduz este artigo). O espectador trazia consigo a marca da legitimidade: cabia a ele selecionar qual o fato digno de ser narrado e de se tornar perene.

---

[1] *Talvez o tom pareça um pouco grave, mas de fato é muito difícil recuperar os documentos escritos do início do século ou mesmo das primeiras cinco décadas, seja porque boa parte dos "sujeitos históricos" daquele período já desencarnaram, seja porque os documentos já não existem. Mas, ainda assim, é importante tentar resgatar estas fontes, por meio de pequenas campanhas nas casas espíritas.*

Esta noção deixou de ser dominante durante muitos séculos, quando o documento escrito assumiu o lugar de excelência da fonte oral. O fato histórico passou a ser o que estava perenizado nos documentos escritos (normalmente oficiais) e ao historiador caberia apenas resgatá-lo tal como havia acontecido.

Mudaram as noções de documento, de historiador e de fato histórico. Mas permaneceu a idéia de que a história era um fato em si mesma, uma verdade inquestionável, e que para se ter acesso a ela bastava trazer o passado para o presente tal como ele havia ocorrido. Mudou a forma de fazer história, mas permaneceu a lógica da disciplina.

Somente no século XX assistiu-se a um processo de "revolução documental", que veio a transformar a lógica da disciplina História. A Escola dos Annales[2] teve um importante papel neste movimento, considerando que a história pode — e deve — ser feita com documentos de natureza diferente das fontes escritas.

Mais do que isto, os Annales introduziram no fazer histórico a noção de "documento-monumento". Segundo Le Goff, expoente desta escola, todo documento deve ser tratado como um monumento, histórica e socialmente construído para perenizar a memória de um grupo social, a partir de interesses específicos. Portanto, o documento não é a história em si, uma verdade absoluta. O documento traz informações que podem favorecer ao pesquisador, na medida em que fornecem elementos para solucionar questões que ele procura resolver[3].

A história não está dada nos documentos, mas é um produto do diálogo do pesquisador com as fontes. Segundo esta lógica, o documento escrito perde o *status* de fonte por excelência, porque também é considerado um produto de escolhas de seus autores, devendo ser questionado pelo pesquisador de história.

Tudo o que pode informar sobre um tema de pesquisa pode ser usado como documento. Cabe ao pesquisador fazer bem o seu trabalho de inter-

---

[2] *Grupo de historiadores franceses, cujos fundadores começaram a se projetar no final dos anos 20. O nome, Annales, deriva da revista que fundaram e pela qual divulgavam seu trabalho, originalmente chamada de* Annales d'hisoire économique et sociale. *Suas preocupações metodológicas procuraram ampliar a noção de fonte histórica então vigente e introduziram a história-problema no processo de construção do conhecimento histórico.*

[3] *O leitor deve estar atento ao fato de que esta foi a noção de documento (ou fonte histórica) apresentada no início deste artigo. Assim sendo, ao fazermos a proposta de resgatar e conservar as fontes históricas do movimento espírita ressaltamos que este movimento é um resgate da memória de um grupo social; ele não é, em si mesmo, o fazer a história deste grupo. Para que isto aconteça, é necessário um trabalho de pesquisa e de diálogo com as fontes então reunidas.*

"A história não está dada nos documentos, mas é um produto do diálogo do pesquisador com as fontes. Segundo esta lógica, o documento escrito perde o status de fonte por excelência, porque também é considerado um produto de escolhas de seus autores, devendo ser questionado pelo pesquisador de história".

rogação das fontes — sejam elas iconográficas, audiovisuais, escritas, arquitetônicas ou de outra natureza.

Esta lógica de pensamento possibilitou a utilização e a legitimação do trabalho com fontes orais na pesquisa histórica e ganhou maior fôlego após a Segunda Guerra Mundial, como bem explica Diana Vidal:

(...) A guerra emudeceu os homens, tornou-os pobres em experiências comunicáveis, marcou o triunfo da informação sobre a troca de experiências. A ruptura como passado fez-se sentir na importância delegada à informação. Narrar é reiterar o vivido, o compartilhado. Informar-se é manter-se em nível do imediato, do descartável. Para Le Goff, a Segunda Guerra Mundial trouxe novos desafios à história, que seriam a ênfase no particular e a busca de uma identidade individual e coletiva pelos povos. A universalidade do saber desfez-se frente à fragmentação imposta pela guerra. O interesse voltou-se à história do particular, do pequeno, do cotidiano (VIDAL: 1990. p. 77-78).

Como se pode observar, a fonte oral surgiu no cenário de pesquisa não como uma continuidade da forma de fazer história dos gregos, mas num movimento de grave ruptura com a sua lógica, que tinha a base na crença de que as fontes são a história em si mesmas.

No Brasil, a fonte oral passou a ser utilizada pelos pesquisadores das Ciências Sociais a partir dos anos 70. É grande o número de trabalhos de pesquisa que se utilizaram deste tipo de fonte nos últimos 30 anos, o que influenciou enormemente os rumos da historiografia brasileira.

Aqui, a história oral foi utilizada, durante algum tempo, na tentativa de dar voz aos "vencidos" da história. Em outras palavras, tentou-se utilizar a fonte oral para tornar conhecido o discurso das minorias políticas e sociais. Mas, muitas vezes, incorreu-se no erro de tratar o discurso destes grupos como uma verdade, em contraposição à verdade oficialmente aceita.

Nos anos 80, a fonte oral passou por um processo de legitimação enquanto instrumento de fazer histórico, que veio a culminar nos anos 90, a partir de reflexões de natureza metodológica.

Estas reflexões contribuíram (e continuam contribuindo) enormemente para o trabalho com fontes orais e devem ser conhecidas por todos aqueles que pretendem trabalhar com elas, com quaisquer objetivos, seja produzindo-as ou analisando-as.

Boa parte destes estudos e debates atenta para duas especificidades da fonte oral. A primeira delas refere-se ao diálogo pesquisador/fonte. Já tratamos do fato de que a leitura de qualquer tipo de fonte é direcionada pelos questionamentos do pesquisador. No caso das fontes orais esta questão é um pouco mais complexa, uma vez que o entrevistador pode direcionar o tipo de resposta que dará o depoente. Então, aventurar-se em realizar o trabalho de entrevistador quando da produção de uma fonte oral implica tomar um cuidado enorme na elaboração das questões a fazer ao depoente e ter consciência da importância de sua atuação enquanto pesquisador.

A segunda grande especificidade da fonte oral refere-se ao diálogo entrevistador/entrevistado. Quando se está realizando uma entrevista de história oral, pesquisador e depoente acabam estabelecendo uma relação muito próxima e o entrevistador corre o risco de envolver-se demasiadamente com as lembranças do depoente, deixando de cumprir o seu papel de pesquisador. Durante uma entrevista, o depoente tende a relatar episódios de sua vida, que fazem aflorar lembranças caras e sentimentos fortes que, muitas vezes, não contou a mais ninguém. Isto faz com que, em alguns casos, os entrevistadores acreditem que o depoimento recolhido é sinônimo de história, dando um tratamento inadequado à memória.

Numa entrevista de história oral, o que acontece é que as perguntas que o pesquisador dirige ao seu depoente suscitam suas

Uma forma de preservar a memória é conservar objetos, documentos e escritos, fotografias, depoimentos orais e outros elementos que podem nos informar acerca de determinado período ou tema.

lembranças. Então, as respostas acabam sendo um discurso memorialístico, ou seja, um resgate da memória do depoente, relativo a alguns assuntos e vivências determinados.

Assim sendo, o discurso, por si só, não é a história. Ele é memória — um conjunto de lembranças, sujeitas a omissões, erros, enganos, esquecimentos. Ele é a interpretação de uma pessoa sobre um ou mais acontecimentos ou contexto histórico (MINAS GERAIS: 1998. p. 16).

A fonte oral é já produto de um diálogo do entrevistador com o depoente. Mas este diálogo não é suficiente para caracterizar uma pesquisa histórica. Esta é uma primeira etapa da pesquisa — a de preservação de uma memória, a qual, para transformar-se em uma análise histórica, deve ser novamente questionada. O depoente responde às questões do entrevistador, dando sua interpretação de determinados fatos ou contextos. Um pesquisador que pretende fazer uma análise histórica deverá analisar as respostas do depoente, assim como faria com um documento escrito ou de outra natureza.

Fazemos essas considerações apenas para que aqueles que optem por produzir fontes orais tenham cuidado ao divulgar o produto de seu trabalho, mas, a partir deste ponto, trataremos apenas das questões que tangem ao pesquisador-entrevistador. Nosso interesse são as ações que permitam preservar de imediato a memória do movimento espírita; portanto, deixaremos para uma outra oportunidade as considerações sobre a análise das fontes orais pelo pesquisador-historiador.

Para que se possa utilizar a fonte oral como um instrumento de preservação da memória do movimento espírita, é importante conhecer algumas das etapas e outras preocupações metodológicas do trabalho com história oral.

Como já ficou claro, acreditamos que uma pesquisa histórica deve ser feita a partir de um tema devidamente problematizado e que a escolha das fontes a pesquisar deve ser cuidadosa, a fim de que as questões possam ser respondidas. Portanto, é importante, na busca de preservar a memória do movimento espírita pela produção de fontes orais, escolher cuidadosamente as pessoas a entrevistar.

Em primeiro lugar, deve-se ter clareza de quais são as questões que se procura responder, a fim de escolher os depoentes que possam respondê-las com mais propriedade. Esta afirmação não implica que alguns depoentes podem dizer a verdade e outros não — as lembranças não são feitas de verdades ou mentiras, são apenas lembranças. O que gostaríamos que ficasse claro é que algumas pessoas têm mais a dizer sobre determinados temas que outras, em função da idade, da posição que ocupam no mundo, de seus valores, de sua capacidade de lembrar, etc. Pensando desta maneira, veremos que selecionar os depoentes é identificar qual a relação entre eles e tema/problemas que se deseja pesquisar.

É importante, também, entrevistar mais de uma pessoa sobre um mesmo tema. Porque as pessoas se lembram de fatos diferentes ou, pelo menos, de maneiras diferentes sobre um mesmo fato. Importa, então, buscar qualidade de depoimentos (mais do que quantidade) que possam compor uma memória coletiva. Desta forma, o depoimento de um pode complementar o de outro, mesmo que o contradizendo.

Selecionados os depoentes, é importante procurá-los um a um, de acordo com critérios de urgência preestabelecidos (por exemplo, é importante procurar as pessoas mais velhas primeiro, a fim de garantir a realização de um bom depoimento). Numa primeira visita, em que se propõe a realização das entrevistas, entrevistado e entrevistador devem conhecer um ao outro. E os objetivos da coleta do depoimento devem ficar muito claros, para que o depoente em potencial possa optar conscientemente por falar ou não.

Nesse momento de conversa informal, a possibilidade de realizar boas entrevistas é garantida. Se depoente e entrevistador estabelecem um relação de empatia, boa parte do caminho está percorrido. É também nessa primeira visita que se deve obter dados fundamentais sobre o envolvimento do depoente com o tema, para checar se a escolha foi adequada e montar um bom roteiro de entrevistas.

Como esse primeiro contato é informal, não deve ser registrado em áudio, o que dá maior liberdade ao depoente, deixando que ele exponha suas idéias sem preocupações com a linguagem e a natureza de suas opiniões.

Antes de se realizar a entrevista, deve-se elaborar cuidadosamente um roteiro, com perguntas objetivas o suficiente para garantir sua compreensão, e flexíveis, de maneira a não conduzir o conteúdo da resposta que o depoente dará.

O roteiro de entrevista deve sempre conter uma primeira parte de coleta de dados pessoais (nome completo; data e local de nascimento; nome de pais, cônjuges e filhos; tempo de casamento; profissão; etc.) e de dados específicos, desde que importantes para o tema que se quer pesquisar (no caso da pesquisa sobre o movimento espírita, tempo que freqüenta a religião; grupo espírita de que é integrante; cargo administrativo que ocupa ou ocupou; etc.).

A segunda parte do roteiro deve ser elaborada cuidadosamente para cada depoente, pois se constitui de perguntas específicas. As perguntas devem referir-se a temas e problemas com os quais o entrevistado possa contribuir e devem ser curtas, objetivas e não-indutivas.

"O entrevistador deve respeitar os momentos de silêncio, de reflexão e de emoção do depoente. Este nunca deve ser bruscamente interrompido ou contrariado em suas opiniões, simplesmente porque não é este o objetivo de uma entrevista que pretende preservar uma memória".

Elaborado o roteiro, parte-se para a realização das entrevistas, que devem ser registradas em fitas K7 ou material equivalente[4]. A gravação, em primeiro lugar, confere fidedignidade às lembranças individuais, uma vez que registra as palavras tais como foram ditas (por entrevistador e entrevistado) e também as manifestações emocionais daquele que lembra (tom de voz, entonação, risos, silêncios, etc.). Além disso, permite que outras pessoas (pesquisadores ou curiosos) tenham acesso à fonte produzida. Afinal de contas, a proposta inicial não é exatamente preservar uma memória que tem se perdido no tempo e no espaço?

Muitas vezes, quando o depoimento não é gravado, o entrevistador perde muitas das informações fornecidas pelo depoente e interfere na forma como estas informações foram dadas. Como qualquer ser humano, aquele que escuta está carregado de valores, experiências e expectativas, que se traduzem num vocabulário próprio e numa maneira de interpretar o mundo diferente daquele que fala.

Para que a fonte seja claramente identificada por qualquer pessoa, é importante que o entrevistador comece a gravação fornecendo alguns dados sobre a entrevista: data, nomes completos de depoente e entrevistador e local de realização da entrevista. Assim, mesmo que se perca a caixa da fita (onde normalmente se anota essas informações), os dados não se perdem.

Tão importante quanto elaborar as perguntas com esmero é ouvir de maneira adequada as respostas que ele constrói na entrevista. Deve-se respeitar a forma com que o depoente expõe suas lembranças, com todos os seus esquecimentos, omissões, exageros e interpretações. O interesse do entrevistador deve ser ouvir o que o outro tem a dizer, mesmo que não concorde com o que ele diz. O que se busca é o olhar do outro sobre o mundo e sobre o movimento espírita — caso contrário, melhor que uma entrevista, seria promover um debate...

O entrevistador deve respeitar os momentos de silêncio, de reflexão e de emoção do depoente. Este nunca deve ser bruscamente interrompido ou contrariado em suas opiniões, simplesmente porque não é este o objetivo de uma entrevista que pretende preservar uma memória.

---

[4] *Muitas pessoas preferem registrar as entrevistas em fitas de vídeo. Este material, apesar de preservar uma outra dimensão importante do depoimento — a imagem — tem alguns inconvenientes que devem ser considerados. Além do custo mais alto de equipamentos de produção e material de consumo, é importante observar que a conservação das fitas de vídeo é bem mais difícil (e também mais cara) do que das fitas K7.*

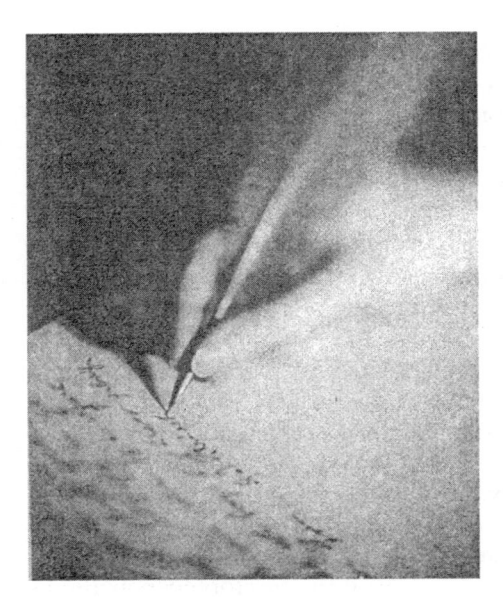

> "Para que se possa utilizar a fonte oral como um instrumento de preservação da memória do movimento espírita, é importante conhecer algumas das etapas e outras preocupações metodológicas do trabalho com história oral".

É também importante que o entrevistador controle o tempo de duração de cada entrevista, que não deve ultrapassar uma hora. Falando mais do que isso, sobretudo se for idoso, o depoente se cansa — mais afetiva do que fisicamente. Caso seja necessário prolongar o depoimento, se ele for rico em lembranças, sentimentos e informações, pode-se prolongar sua duração, realizando mais de uma sessão de entrevista em dias diferentes.

Finalmente, uma outra preocupação que o entrevistador deve ter ao colher os depoimentos é distinguir quais são as suas interferências numa entrevista. Isto pode ser feito com a utilização de um instrumento conhecido como "caderno de campo". Neste caderno, o entrevistador anota suas impressões de cada sessão, seus sentimentos, suas opiniões e as circunstâncias em que o depoimento foi colhido (lugar, influências externas, ruídos, presença de estranhos, etc.). Dessa maneira, ele próprio ou qualquer outra pessoa que tenha acesso ao material que produziu poderá analisar a entrevista com mais cuidado, *a posteriori*.

Realizada a entrevista, muitas pessoas costumam transcrevê-la, a fim de torná-la acessível a um número maior de pessoas. A transcrição das entrevistas de história oral é um procedimento controverso — aliás, como é todo o processo de produção de análise de fontes orais.

Mas, da mesma maneira que fizemos opções metodológicas claras ao dar uma orientação para a produção das fontes orais, procuraremos fazê-lo ao orientar a transcrição da entrevista.

Sugerimos que se faça transcrição literal da entrevista registrada em áudio, para que as pessoas que não possam ter acesso à fita tenham uma noção razoável do que se passou quando o depoimento foi colhido.

A transcrição literal consiste na tradução, em linguagem escrita, de tudo o que se passou durante a entrevista: falas de depoente e de entrevistador, ruídos externos, silêncios, comentários, etc.

Primeiramente, deve-se indicar as falas de depoente e entrevistador pelas iniciais do nome de cada um deles (por exemplo, se o entrevistado é João Lima, deve ser identificado como JL).

E, como não é possível simplesmente copiar a linguagem oral para a escrita, em segundo lugar, é necessário que se crie um código de símbolos para a transcrição da entrevista (que deve acompanhar o texto da transcrição, em anexo). Pode-se, por exemplo, optar por indicar todas as interferências e os ruídos externos entre parênteses, como toques de telefone e campainha, cumprimento de pessoas que passaram pelo ambiente, etc.

Os silêncios do depoente, por exemplo, não podem ser traduzidos em palavras escritas. Mas podem ser indicados por comentários do transcritor; por exemplo: (pausa longa) ou (pausa breve). Também as frases não concluídas devem ser indicadas; neste caso, costuma-se usar reticências. Como no exemplo abaixo:

"JL: Eu freqüentava o Grupo Espírita X, quando aconteceu o I Congresso Internacional de Espiritismo. Fui ao encontro e foi muito interessante. Ouvi a conferência do Fulano de Tal, sobre... Não me lembro o tema".

Cada grupo de entrevistadores pode criar seu código de transcrição, ampliando-o à medida que for necessário. Somente quando se começa a transcrever as fitas é que se percebe em que circunstâncias deve-se usar um símbolo para traduzir a linguagem oral ou determinadas situações da entrevista para a linguagem escrita.

Finalmente, vale dizer que a transcrição literal é um trabalho de paciência, que dura algum tempo. Pessoas que não estão habituadas a fazer transcrições levam, em média, sete ou oito horas transcrevendo uma fita de uma hora. Apenas com o tempo ganha-se agilidade.

Todas essas recomendações são apenas uma contribuição para ações que devem ser muito, muito maiores e mais sistemáticas, se quisermos de fato preservar a memória do movimento espírita. Temos consciência de que isto não será um processo fácil — como não o é qualquer processo cultural. No entanto, acreditamos em sua importância e viabilidade. E acreditamos, também, que as campanhas locais de recolhimento de documentos e as iniciativas individuais de produção de fontes orais podem contribuir com ações de pesquisas sistemáticas futuras.

Bibliografia

ALBERTI, Verena. *História oral: a experiência do Cpdoc*. Rio de Janeiro: Centro de Pesquisa e Documentação Histórica Contemporânea do Brasil, 1989.

BURKE, Peter. *A Escola dos Annales* (1929-1989). São Paulo: Editora da UNESP, 1991.

INCONTRI, Dora. "Os mestres antecessores de Kardec". In: *Revista Heresis*, http://www.lachatre.com.br/heresis/revista3.htm, 21/09/97.

LE GOFF, Jacques. "Documento-Monumento". In: Enciclopédia Einaudi, vol. I. Lisboa: Imprensa Nacional, Casa da Moeda, 1984. p. 95-106.

LE VEN, Michel Marie; FARIA, Érika de; SÁ MOTTA, Miriam Hermeto de. "História oral de vida: o instante da entrevista". In: *Varia Historia*, Revista do Departamento de História da UFMG. Belo Horizonte, nº 16, p. 57-65.

MINAS GERAIS. Secretaria de Estado de Educação. Projeto de reformulação curricular e capacitação de professores do ensino fundamental da rede estadual de ensino de Minas Gerais. Proposta curricular de História para o 2º ciclo do ensino fundamental (versão preliminar). Belo Horizonte: SEE/MG, 1998. 39 p.

SIMSON, Olga Rodrigues de Moraes von. *Os desafios contemporâneos da história oral*. Campinas: Área de publicações CMU/Unicamp, 1997.

VIDAL, Diana Gonçalves. "De Heródoto ao gravador: histórias da história oral". *Resgate,* Revista Interdisciplinar do Centro de Memória da Unicamp. Campinas, nº 01, 1990 p. 77-82.

MIRIAM HERMETO DE SÁ MOTTA, 29 anos, é mineira, casada. Bacharel e licenciada em História, trabalhou muitos anos com atividades de pesquisa acadêmica, tendo se especializado em produção e análise de fontes orais, em atividades realizadas com o Grupo de História Oral da Faculdade de Filosofia e Ciências Humanas da UFMG e estágio no Institut d'Histoire du Témps Présent, em Paris.
Sobre este trabalho com fontes orais, além do presente artigo publicou, em co-autoria, o artigo "História oral de vida: o instante da entrevista", na *Varia Historia,* Revista do Departamento de História da FAFICH/UFMG (Belo Horizonte, FAFCH/UFMG, nº 16, set./1996, p. 57-65).
Atualmente, dedica-se a concluir a dissertação de mestrado na área de Ensino de História, bem como à produção de livros didáticos de História para crianças e à formação de professores.
Adepta da Doutrina desde a infância, desenvolveu diversos tipos de trabalho no movimento: participação em tarefas assistenciais (campanhas do quilo, sopões e visitas a creches e asilos), colaboração em reuniões mediúnicas, desenvolvimento de estudos em grupo e palestras, além de coordenação de mocidades espíritas. miriamherneto@terra.com.br

Marquês de Maricá, Médium e Precursor do Espiritismo no Brasil

Washington Luis Nogueira Fernandes

Espiritismo completará 150 anos (Sesquicentenário) em 2007, e precisamos conhecer seu histórico e trajetória, em todos os lugares, para conhecer melhor a forma como ele tem se consolidado no mundo.

Por isso é importante que os espíritas estejam informados daqueles que foram os precursores de suas idéias, no Brasil e no exterior.

Nesse sentido, vale a pena comentar a obra de 500 páginas, *Máximas, Pensamentos e Reflexões*, de autoria do político imperial brasileiro Marquês de Maricá (1773-1848), nome com que ficou conhecido Mariano José Pereira da Fonseca, que se pode dizer que foi um precursor das idéias espíritas no início do século XIX. Isto porque ele começou a publicar pensamentos, em 1813, no jornal *O Patriota*, do Rio de Janeiro, com o pseudônimo "Um Brasileiro", nos quais é possível relacionar claramente o conteúdo com idéias que se identificam com a Doutrina Espírita. Depois de 26 anos, em 1839, ele enfeixou estas máximas em livro, o qual em 1958 foi republicado pelo Ministério da Educação e Cultura e Casa de Rui Barbosa, Rio de Janeiro/RJ.

O Marquês de Maricá estudou Filosofia em Coimbra, Portugal, e foi Conselheiro de Estado e Senador do Império, tendo sido preso em

Marquês de Maricá, segundo a litogravura de S. A. Sisson, *Galeria dos Brasileiros Ilustres*.

1795, juntamente com outros intelectuais, sob acusação de que as reuniões que eles freqüentavam na Sociedade Literária do Rio de Janeiro não tinham objetivos puramente literários.... A denúncia partiu de um frade franciscano, que, em verdade, não gostava destes literatos por considerá-los ultramontanistas. Após longa apuração, o processo foi arquivado por falta de fundamento.

A sua obra *Máximas, Pensamentos e Reflexões*, que tem um cunho moralista, com 4.188 pensamentos soltos, de sabedoria da vida, é lembrada como pioneira do Espiritismo no país.

Muito procuramos o livro e o encontramos na Casa Museu Rui Barbosa, no Rio de Janeiro, e examinamos todos os 4.188 pensamentos, que além de abordar os vários assuntos da vida, em cerca de 80 deles se identificam, indiscutivelmente, as noções de pontos doutrinários espíritas, como por exemplo: sua crença na realidade espiritual; na influência da matéria sobre o espírito e vice-versa; no progresso espiritual; na pluralidade de mundos habitados; na reencarnação; na manutenção das conquistas espirituais ao longo das várias vidas físicas; e até na existência do perispírito. Até mesmo a mediunidade identificamos nestas máximas do Marquês de Maricá, porque ele falou que recebia informações de uma *voz* que lhe falava através de sonho, sobre as várias Leis da Vida. Para que os amigos leitores possam ter idéia do conteúdo destes pensamentos, citaremos apenas os de números 400, 3.148, 3.081 e 3.863:

— *Entes invisíveis nos observam quando nos cremos sós e sem companhia* (pensamento nº 400) (aqui constatamos a crença do Marquês de Maricá nos Espíritos).

— *De que nos serviria uma nova vida se o nosso espírito não conservasse na memória o cabedal de idéias e conhecimentos que adquiriu na primeira? Se a acumulação progressiva de ciência nos variados mundos que temos de habitar, em variados e respectivos corpos não promovesse a nossa felicidade...* (pensamento nº 3.148); (aqui constatamos a crença do Marquês de Maricá na reencarnação, na manutenção das conquistas espirituais e contínuo progresso e na pluralidade dos mundos habitados).

— *Sonhei que admirando a lua cheia na plenitude da sua luz reflexa, surgia em mim o desejo ardente de a visitar e conhecer de perto, quando uma voz sonora, mas de objeto não distinto, retiniu aos meus ouvidos — Pobre criatura! A tua ignorância te desculpa; sabe que cada um dos mundos da imensidade tem um sistema e construção especial; que os seus habitantes não podem existir em algum outro que não seja aquele para que foram organizados. O teu espírito tem de habitar e admirar inumeráveis orbes pela sucessão dos tempos e progresso da eternidade, mas somente com corpos privativos e adaptados ao sistema particular de cada um deles... Calouse, e acordei assombrado com esta inesperada revelação* (pensamento nº 3.081); (aqui constatamos a mediunidade do Marquês de Maricá, pois esta voz sonora que ele ouviu, que pode ser entendida como tendo sido a do seu Guia Espiritual ou de um Espírito amigo, deu-lhe instruções sobre o funcionamento das Leis da Vida).

— *Os homens não têm nem podem formar idéia de substâncias imateriais, as almas e espíritos são considerados por eles como entidades corporais perceptíveis aos sentidos com forma, figura e lugar no espaço, capazes de ação e reação, e quando muito os reputam de uma substância material mais sutil e menos densa que a dos corpos viventes deste mundo* (pensamento nº 3.863); (aqui constatamos que esta *matéria mais sutil e menos densa* de que fala o Marquês de Maricá, que forma os Espíritos, pode ser entendida como sendo o perispírito, conforme explicado pelos Espíritos para Allan Kardec (1804-1869).

O Marquês de Maricá foi, sem dúvida, um dos precursores mundiais das idéias espíritas, e sua obra, começada a ser escrita em jornal, em 1813, e publicada em livro pela primeira vez em 1839, é um marco no Brasil e na história do Espiritismo, traduzindo a mente de um lúcido e inspirado pensador, que possuía noções claras sobre a Espiritualidade.

Ilustração retratando o Marquês de Maricá.

Sem dúvida estes são conhecimentos que muito auxiliarão os interessados e estudiosos no processo de desenvolvimento da Doutrina Espírita e da paranormalidade, demonstrando inegavelmente que os Espíritos sempre se comunicaram com as criaturas humanas, antes da edição de *O Livro dos Espíritos*, e com Allan Kardec o ensino foi organizado e devidamente classificado.

WASHINGTON LUIZ NOGUEIRA FERNANDES, 38 anos, advogado, Procurador do Estado de São Paulo, ex-Presidente da ADELER (Associação dos Editores, Distribuidores e Divulgadores do *Livro Espírita*); fez estudo e proposta ao CDD (Decimal Dewey Classification) nos EUA, para Reclassificação da Literatura Espírita, a qual teve acolhimento e promessa para mudanças em 2004. Interessado em pesquisas da História do Espiritismo no Mundo, articulista, escreveu mais de 350 artigos para a imprensa espírita; colaborador do Museu Espírita de São Paulo; escritor, publicou os seguintes livros: 1) *Mansão do Caminho, Uma História de Amor na Educação (1992, Ed. LEAL);* 2) *A Prece Segundo os Espíritos* (1996, Ed. Leal); 3) *A FESSP Promove a Assistência Social* (2000, Edições FEESP); 4) *Atos do Apóstolo Espírita* (2000, Edições FEESP). washingtonfernandes@terra.com.br

Imprensa Espírita no Ceará

Marcus V. Monteiro

Ao iniciarmos este século XXI, vamos tentar fazer um balanço da Imprensa Espírita no Ceará desde seus primórdios.

O pensamento nos faz recuar ao começo do século XX à cidade de Maranguape, onde circularam os jornais *Luz e Fé* e *Doutrina de Jesus* (1901/1902), dedicados à propagação da nova Doutrina que emergia da França. Segundo apontamentos existentes em nossos arquivos, lembremos de todos aqueles outros órgãos publicados em Fortaleza, até os dias de hoje:

O Lábaro — Fundado em 17/07/1910 por Vianna de Carvalho. Órgão do Centro Espírita Cearense, também por ele fundado (19/06/1910). Era exclusivamente doutrinário.

O Combate — Também fundado por Vianna de Carvalho em 1910. Jornal de contestação ao clero católico, que em Fortaleza se viu empenhado, por volta de 1910, em violenta campanha contra o Espiritismo pelo jornal *Cruzeiro do Norte*.

Emília de Freitas, pioneira da Imprensa Espírita no Ceará.

Ceará Espírita — Fundado em 1948. Órgão quinzenal da Federação Espírita Cearense. Tiragem de 500 exemplares em tamanho tablóide. Dormitou a partir dos anos 50. Voltou a circular com o mesmo nome em janeiro de 1994 (surgiu com Ano VI — Nº 44) como órgão da Federação Espírita do Estado do Ceará — FEEC, substituindo *Fortaleza Espírita*, até dezembro de 1998, passando daí em diante a funcionar mais como *Informativo das Atividades da FEEC*. Tiragem de 2.000 exemplares — edição mensal e distribuição dirigida.

A Voz Do Alto — Fundado em 1948. Direção de Antônio Izaías de Jesus que então usava o pseudônimo de Jacques Moller, como órgão da Confederação Espírita Cearense, depois União Espírita Cearense. Teve diversas fases, vários formatos, inclusive o de revista e tiragens variadas. Seu último dirigente foi Orlando Borges dos Santos e secretário Francisco Carlos de Oliveira.

Renovação — Periódico de propaganda do Espiritismo em sua feição religiosa (citado por Eddie Augusto da Silva no Boletim Bibliográfico Brasileiro, edição de dezembro de 1957.

Impulso — (Citado por Antônio Lucena, diretor do Museu Espírita do Brasil, 1971).

Reencarnação — Órgão do Centro Espírita Vianna de Carvalho, quando foi seu presidente Manoel Felix de Moura Amazonas em 1927. Teve como articulistas Francisco Brilhante, Theodoro Cabral e a poetisa Stefânia Rocha.

Manhã de Sol — Fundado (em agosto de 1975), dirigido e editado por Ary Bezerra Leite, então Presidente da Comunhão Espírita Cearense. Um ano depois passou a circular sem vinculação à referida casa. Tiragens de até 3.500 exemplares de ótima qualidade.

Terceiro Milênio — Fundado em janeiro de 1978 sob a responsabilidade da Casa de Saúde Antônio de Pádua. Coordenação do Grupo de Estudos Espíritas Allan Kardec. Teve como diretores: Raimundo Lemos Dias, Milton Borges dos Santos e José Moacir Gadelha de Lima. 4 páginas.

A Caminho da Luz — Boletim editado pelo Centro Espírita "A

Fac-símile do Jornal *Luz e Fé*, Maranguape, Ceará (Ano I, 2/11/1901, nº 1).

Caminho da Luz", com noticiário das atividades daquela casa espírita e de outras sociedades espíritas locais (duração efêmera).

Elo — (Jornal Espírita) fundado em maio de 1984 por Saara Nousiainen, que o dirigiu e editou até abril de 1987. Tamanho regular e tiragens de 1.300 exemplares em média. Houve 14 edições que circularam inclusive no exterior.

Informativo Aliança — Órgão da Aliança Espírita do Ceará. Equipe responsável: Mário Caúla, Francisco Castro e Sérgio Ponte. Tamanho 8. 4 páginas e 6 edições de 2.000 exemplares cada.

Fortaleza Espírita — Órgão do CLEF — Clube do Livro Espírita de Fortaleza. Seu primeiro número circulou em dezembro de 1988. Tiragens de até 6.000 exemplares de 8 páginas. Em julho de 1992, *Fortaleza Espírita* iniciava uma nova fase, passando de órgão informativo e de intercâmbio do CLEF para órgão noticioso e doutrinário da FEEC. Passados 5 anos de sua existência, dos quais 17 meses de sua nova fase, *Fortaleza Espírita* "dormitou", para que em seu lugar ressurgisse *Ceará Espírita*. *Fortaleza Espírita* foi resgatado em outubro de 1996, pelo Instituto de Cultura Espírita do Ceará (ICE-CE) (Rua Visconde de Icó, 758 — Ellery), desta feita na feição de revista trimestral, chegando a circular em três edições com impressão em cores...

Ideal e Ação — Órgão do Centro Espírita Francisco de Assis — CEFA.

Nova Era — Mensário do Grupo Espírita Paulo e Estêvão — GEPE.

Enfoque Espírita — Noticioso mensal das atividades do Instituto de Cultura Espírita do Ceará (ICE-CE).

Grãos de Notícia — Trazendo as notícias do Centro Espírita Grão de Mostarda.

Amanhecer — Órgão do Centro Espírita Pedro, o Apóstolo de Jesus.

Correio Espírita — Órgão do Centro Espírita Catarina de Labouré.

Gazeta Espírita — Órgão informativo e doutrinário do Centro de Documentação Espírita do Ceará — CDEC. Ano I — Nº 0 (julho/agosto/ 1999). Circulação bimestral. 12 páginas. Tiragem de 2.500 exemplares.

Espiritismo pelo rádio

Manoel Monteiro foi em Fortaleza o pioneiro do Espiritismo pelo rádio, quando, em 1956, manteve por quase três anos, na então PRE-9, — Ceará Rádio Clube, o programa espírita Roteiro, com 30 minutos de apresentação semanal em horário nobre. Serviu de base às comemorações do centenário de *O Livro dos Espíritos*, em Fortaleza.

Programa espírita Roteiro — Ceará Rádio Clube de Fortaleza — Semanalmente, às segundas-feiras. De 1956 a 1958 (Manoel Monteiro,

Fac-símile do Jornal *Luz e Fé*, exemplar de 24/12/1902.

José Francisco Bluhm Ferreira, Wagner Menezes, Mário Caúla e Marcus V. Monteiro).

Programa de Cultura Espírita — Aos sábados, às 19 horas, na Rádio Dragão do Mar de Fortaleza. De 11/06/71 até 1978 (Manuel Suliano Filho, Raimundo Clóvis Queiroz, Ary Bezerra Leite, Mário Caúla, Marcus V. Monteiro e Nonato Albuquerque).

Momento Espírita — Programa espírita radiofônico produzido, dirigido e apresentado por Saara Nousiainen desde 06/06/82. Hoje é gravado e repassado a 5 emissoras do interior cearense e uma do Mato Grosso do Sul.

A Voz do Consolador — Rádio Cidade, AM 860, levado ao ar pela primeira vez em 23/10/93, permaneceu até o final de 1995. Apresentadores Wilson Pinheiro, Celina Pinheiro e Jadas Silva. A duração inicial era de meia hora, passando posteriormente a uma hora de programa. Terminou, pois a rádio entrou em nova fase, com mudança de programação e convênio com a Jovem Pan.

Espiritismo na grande imprensa

Themas Philosóphicos — Artigos publicados, quase diariamente, por Vianna de Carvalho, no extinto jornal *Unitário*, durante os meses de abril a novembro de 1911.

Tribuna do Povo — Espaço cedido pelo jornal *A República*, em 1910 e 1911, a Vianna de Carvalho para refutar os ataques de membros do clero católico contra o Espiritismo.

Pelos Caminhos do Espiritismo — Coluna publicada pelo Cel. Edynardo Weyne de 1967 a 1971 no matutino *Unitário*.

Sob a Bandeira da Esperança — Coluna publicada pelo Cel. Edynardo Weyne de 1968 a 1971 no jornal *O Estado*.

Uma Luz nas Trevas — Coluna publicada pelo Cel. Edynardo Weyne de 1969 a 1971 no periódico *Gazeta de Notícias*.

Ao Encontro de Jesus — Coluna publicada pelo Cel. Edynardo Weyne em 1972 no *Tribuna do Ceará*.

A Grande Esperança — Coluna publicada pelo Cel. Edynardo Weyne aos sábados no jornal *Tribuna do Ceará* (1972), depois aos domingos em *O Povo* (abril/72 a dez/92), e a partir de janeiro de 1983, no jornal *Diário do Nordeste*, até a sua desencarnação em 29/03/91. Foi a única que manteve uma publicação ininterrupta ao longo de 19 anos.

Fortaleza Espírita — Coluna do CLEF, publicada de 17/02/76 até setembro de 1983 no jornal *Tribuna do Ceará*, às segundas-feiras. Um sério acidente afastou o Editor de Notícias, por alguns meses, àquela época, do Movimento Espírita, e em seu lugar surgiu *Presença Espírita* (de pouca duração) assinada por Mário Kaúla e logo depois levando a assinatura do companheiro espírita Paulo Eduardo Mendes (juiz de direito e jornalista).

Presença Espírita — Coluna sob a responsabilidade da ABRAJEE/CE, às segundas-feiras, no jornal *Diário do Nordeste*, publicada somente durante um ano, de 11/06/82 a 15/06/83.

Procuramos, em síntese, mostrar como são, ou eram nossos órgãos doutrinários, mesmo os mais humildes, sabendo que, possivelmente, falhas existem no nosso relato que não fecha o assunto e concluímos, lembrando J. Herculano Pires:

Desde Olympio Telles de Menezes, na Bahia, até Batuíra, em São Paulo, Cairbar Schutel, em Matão, e José Marques Garcia, em Franca, temos uma floração de jornais renovadores que confirmam Castro Alves: O Brasil é pátria da imprensa. *Porque a verdadeira imprensa, aquela que o poeta captava na sua vidência, não era o farfalhar de intrigas assopradas da Europa sobre a América, esse farfalhar de folhas secas a serviço das paixões humanas, mas um tatalar de asas verdes no rumo do futuro. A imprensa espírita é o novo que nasce para superar e substituir o velho. (...) Fala-se muito da pobreza da imprensa espírita, mas ninguém há de negar a miséria da grande imprensa. A riqueza de um jornal espírita é como a do apóstolo Pedro respondendo ao mendigo da Porta Especiosa, no Templo de Jerusalém:* Ouro e prata não tenho, mas o que tenho, isso te dou. *O jornal espírita não oferece riquezas materiais ao povo, mas derrama sobre ele as bênçãos do céu.*

MARCUS VINICIUS MONTEIRO DA SILVA, nascido na cidade de Fortaleza CE em 22 de janeiro de 1935, filho de Manoel Monteiro e D. Odete da Silva Monteiro.
Casado com D. Heloísa Soares Monteiro, o casal gerou os filhos: Marcus Vinicius (jornalista); Jovanka (fonoaudióloga); Karina (terapeuta ocupacional); Monalisa e Pannúvia, os quais, por sua vez, já geraram 11 netos. Na adolescência, engajou-se no Movimento de Mocidades Espíritas, participando ativamente da Mocidade Espírita Cearense, integrando o grupo de jovens que elaborou as festividades do 1º Centenário do Espiritismo, comemorado com muita festa naquela cidade. Com seu genitor, inaugurou o programa radiofônico Espírita "Roteiro" (1956 - 1958), levado ao ar em horário nobre e ouvido com grande sucesso na região. Foi redator das colunas "Fortaleza Espírita" — Coluna do CLEF — no jornal *Tribuna do Ceará* (1976 - 1983), "Presença Espírita" — responsabilidade da ABRAJEE-CE — no jornal *Diário do Nordeste* (1982-1983). Fundador e Diretor de Comunicação Social do Centro de Documentação Espírita do Ceará — CDEC. Jornalista e Pesquisador Espírita, hoje empresta sua colaboração ao jornal *Gazeta Espírita*, no qual assina a coluna "Movimento Espírita — Fatos & Notícias". jornalgazetaespirita@yahoo.com.br

Fora da Caridade não há Salvação
Origem histórica e discussão crítica da bandeira da Doutrina Espírita

Jorge Damas Martins

Toda bandeira, de qualquer movimento, seja filosófico, político, social ou religioso, reflete sua gênese e o objetivo real de sua existência. Na Revolução Francesa tremulava a *liberdade, igualdade e fraternidade*. Na Inconfidência Mineira a bandeira anunciava um grito de urgência: *liberdade ainda que tardia*. Pietro Ubaldi freando os costumeiros movimentos personalísticos pediu *universalidade e impessoalidade*. "Não poderia o Espiritismo — afirma Paulo, o Apóstolo (Paris, 1860) — provar melhor a sua *origem*, do que apresentando — o *Fora da Caridade não há salvação* — como regra, por isso que é um reflexo do mais puro Cristianismo" (ESE, XV, 10). Bezerra de Menezes percebeu bem as origens da bandeira espírita e as assertivas do Espírito Paulo, ao destacar que " O Espiritismo... é, como moral, o fac-símile da doutrina de Jesus (...) é a tradução, em espírito, e o complemento" (O Paiz, 23 de outubro de 1887).

Hoje vemos esta bandeira brilhar no século XXI, reafirmando seu significado e apontando o caminho único do progresso individual e coletivo. Temos história! Temos muita história! Allan Kardec e uma plêiade de colaboradores a hastearam no século XIX, conscientes do lema e de

Chico Xavier, o grande líder espírita que prodigalizou a Caridade em todos os seus aspectos, distribuindo pães aos necessitados, na Vila dos Pássaros Pretos, em Uberaba/MG (1976).

sua importância para a renovação da Humanidade, por meio do verdadeiro Cristianismo do Cristo. E no século XX vimos espíritas valorosos, homens de bem, por definição, não deixarem o vendaval curvar o ideal que sempre tremulou, apesar das guerras, perseguições e das calúnias provocadoras dos aborrecidos da luz.

I — Origem histórica

Interessante é observar que esta bandeira não surgiu pronta com o Espiritismo. Ela foi sendo revelada gradativamente.

Inicialmente na Introdução da Doutrina Espírita de *O Livro dos Espíritos* (1857) vemos Kardec "colocar no primeiro plano das condições de nossa felicidade futura o Amor e a Caridade para com os semelhantes" (1º LE, trad. de Canuto de Abreu, 1957, Companhia Editora Ismael, São Paulo, p. 28). Após, nos Prolegômenos, se diz que no *Livro dos Espíritos* encontram-se as bases de "um novo edifício que se eleva e que um dia há de reunir todos os homens num mesmo sentimento de amor e caridade" (LE, FEB, p. 49). Nas sábias perguntas e respostas do livro áureo, destaca-se: A caridade é a "lei mais importante, por ser a que faculta ao homem adiantar-se mais na vida espiritual" (LE, perg. 305 da 1ª Ed. — 1857 — e perg. 648 das edições atuais), e se aprofunda — mais a frente — "a mais meritória de todas as virtudes é a que assenta na mais desinteressada caridade" (LE, perg. 893).

No *Livro dos Médiuns* (1861) Allan Kardec observa que "são os verdadeiros espíritas, ou melhor, os espíritas cristãos" que têm na caridade a "regra de proceder a que obedecem" (item, 28/3). Fala ainda no "dever primário" da caridade, que se "impõe" aos adeptos da Doutrina (item, 335). E materializando cada vez mais, de forma nítida, a idéia de uma bandeira, escreve: "A divisa Amor e Caridade é a de todo o verdadeiro espírita" (item, 39), ou mais, "o verdadeiro espiritismo tem por divisa benevolência e caridade" (cap. XXXI, item XXII). E para mostrar que a missão espírita é desfraldar a bandeira da caridade ("caridade que mata o egoísmo" — LE, perg. 788) acena, neste mesmo item agora citado: "nesta época de egoísmo, é nas Sociedades espíritas que a verdadeira caridade há de encontrar refúgio".

Esta introdução ao nosso tema-título, no *Livro dos Espíritos* e no *Livro dos Médiuns*, preparou o terreno para a bandeira da Caridade ou do lema definitivo do "Fora da Caridade não há salvação", que vamos abordar agora, no *Evangelho Segundo o Espiritismo* (1864). Fazendo-se uma pesquisa neste livro, verdadeira revelação da Revelação do Cristianismo, encontramos além do Codificador, Allan Kardec, quatro Espíritos que revelam esta bandeira máxima do Consolador prometido nos Evangelhos. Vamos por ordem cronológica:

1º) Paulo, o Apóstolo (Paris, 1860)

Meus filhos, na máxima Fora da Caridade não há salvação, *estão encerrados os destinos dos homens, na Terra e no céu; na Terra, porque à sombra desse estandarte eles viverão em paz; no céu, porque os que a houverem praticado acharão graças diante do Senhor. Essa divisa é o facho celeste, a luminosa coluna que guia o homem no deserto da vida, encaminhado-o para a Terra da Promissão* (ESE, XV, 10).

2º) Cárita, martirizada em Roma (Lião, 1861)

Chamo-me Caridade, sigo o caminho principal que conduz a Deus... Acompanhai-me, pois, meus amigos, a fim de que eu vos conte entre os que se arrolam sob a minha bandeira. Nada temais; eu vos conduzirei pelo caminho da salvação, porque sou — a Caridade (ESE, XIII, 13)[1].

---

[1] *Na* Revista Espírita *de fevereiro de 1862, nas p. 53 a 52, Allan Kardec publica uma epístola mediúnica, ditada em Lyon, pelo Espírito Cáritas, que a certa altura afirma: "Socorrei tanto quanto puderdes, para que, quando Deus vos reunir, seguindo a extensa avenida que leva ao grande portal, em cujo frontispício estão gravadas as palavras* Amor e Caridade, *Deus, reunindo os benfeitores e os beneficiados, vos diga a todos: Soubestes dar; fostes feliz em receber. Vamos, entrai! Que a caridade que vos guiou vos introduza no mundo radioso que reservo aos que têm como divisa: Amai-vos uns aos outros".*

Kardec comenta que Cárita se manifesta com um "nome característico e precioso" ... e "sua missão parece ser a de provocar a beneficência em auxílio da desgraça" ... "Todas as comunicações de Cáritas são marcadas pelo mesmo cunho de bondade e de simplicidade. Evocada na Sociedade de Paris, disse ter sido Santa Irene, Imperatriz".

3º) Júlio Olivier (Paris, 1862)
Todo espírita que ainda hoje pretendesse ter o direito de vingar-se seria indigno de figurar por mais tempo na falange que tem por divisa: sem Caridade não há salvação! (ESE, XII, 9).

4º) Jesus[2]
Todos então se porão sob a mesma bandeira: a Caridade, e as coisas serão restabelecidas na Terra, de acordo com a verdade e os princípios que vos tenho ensinado (ESE, XXIII,16).

É bom ressaltar que o "Fora da Caridade não há salvação", revelado em 1860, só se imortalizou como bandeira, definitivamente, a partir de 1864, no *Evangelho Segundo o Espiritismo*. Será que antes desta publicação o movimento espírita nascente teve consciência desta divisa? A resposta é surpreendentemente sim! E foi o próprio Codificador que já possuindo em seus arquivos a mensagem de Paulo, o Apóstolo, revelou-a em seus escritos:

Primeiramente em mensagem aos espíritas de Lyon, em 1862: "Não temais, entretanto: o penhor do sucesso está nesta divisa, que é a de todos os verdadeiros Espíritas: 'Fora da Caridade não há salvação'. Hasteai-a bem alto, porque ela é a cabeça de Medusa para os egoístas" (RS, p. 33).

Em seguida, Kardec a revela aos espíritas de Bordeaux. Em junho de 1863, o Sr. Émílie Sabò, então Presidente da Société Spirite de Bordeaux, lança a revista quinzenal *La Ruche Spirite Bordelaise — Revue de L´Enseignement des Esprits* (Bureau, Rue des Trois-Conils, 41), que no seu 1º ano, no nº 1, p. de 1 a 4, convida ninguém menos que o Codificador, Allan Kardec, para compor o primeiro histórico editorial. Não é o propósito deste trabalho a transcrição completa do escrito de Kardec, que em outro local e oportunidade daremos a público. Vamos apenas focar o alvo de nosso estudo presente:

Carta de Allan Kardec
Aos Senhores Diretores da Ruche Spirite Bordelaise
Senhores e caros irmãos espíritas.

Vós me solicitastes alguns conselhos a respeito do periódico espírita que pretendem publicar em Bordeaux, no tocante à questão da oportunidade e de outros detalhes. É com toda a atenção que realizo

---

[2] *Kardec não menciona a cidade na qual esta mensagem foi recebida, nem o ano. Também não coloca o nome do Espírito comunicante; porém, a mensagem não deixa dúvidas, como: "minha doutrina" ... "tendo por pretexto o meu nome" ... "Vim lançar fogo à Terra..."*

Chico Xavier, mesmo idoso, atendia a todos os que o procuravam, oferecendo grandes exemplos de caridade. Na foto, cumprimentando José Antônio Gregório da Silva (2000).

o vosso desejo que, aos meus olhos, é um penhor da firme intenção de marchar sob a mesma bandeira que hoje tremula nos diversos pontos do globo; e recruta, cada dia, novos e numerosos partidários. Eu sempre aplaudirei todas as publicações que tenham como objetivo a manutenção da unidade de princípios pela propagação das grandes verdades espíritas generalizadamente admitidas, quando concebidas de forma a frutificarem, bem como repudiarei as que forem produzidas com objetivo contrário, ou que tendem a semear divisão entre os adeptos, ao invés de aproximá-los; uns objetivando difundir a luz, outros de lançar a confusão, a incerteza e a escuridão.

O Espiritismo tem um farol que não pode extraviar os que o tomaram por guia, é a máxima: fora da Caridade não há salvação, divisa que unirá um dia todos os homens, calando dissensões religiosas, pois assim todos compreenderão que, sem a Caridade, não se pode esperar paz neste mundo, nem felicidade no outro. Vossa sabedoria, Senhores, vossa fé sincera, e as provas de zelo e de devotamento que me foram dadas e que pude apreciar durante minha estada entre vós, são garantias que esta máxima será regra invariável na obra que empreenderás.

(...)

Vosso afetuoso e devotado irmão espírita
Allan Kardec

Após o "programa que (Kardec) submete a apreciação", o Sr. E. Sabò fala nas p. 6 a 9 o que também só exploraremos o relativo ao nosso tema abordado:

Aos Nossos Assinantes
A Sociedade Espírita de Bordeaux, tomando a iniciativa de uma publicação na qual devem figurar alternadamente os trabalhos dos diversos centros relacionados, tem por maior objetivo estreitar a união que deve existir entre eles, e congregar ao centro parisiense os irmãos afastados por divergências de opiniões ou por susceptibilidades de amor próprio.
Decididos a não se afastar, em nada, dos princípios colocados por Allan Kardec, presidente da Sociedade Espírita de Paris, nosso chefe imediato, nós apelamos a todos espíritas de boa vontade; todos que verdadeiros apóstolos da nova fé, não recuam diante de qualquer sacrifício para sua propagação; todos que estão prontos para confessar a própria fé a todos que, principalmente pelo talento, pela inteligência, pelos conhecimentos adquiridos possam guiar nos seus trabalhos aqueles que, como nós, são simples pioneiros.
(...)

Sabò ainda transcreve mensagem oportuna ditada pelo Espírito Ferdinand, " um dos guias espirituais da nossa Sociedade", que escreve sobre a missão de um periódico espírita e dá conselhos especiais para La Ruche.

Fechando a mensagem *Aos Nossos Assinantes*, o Sr. Sabò destaca:

Uma só palavra para encerrar. Nós escrevemos em nossa bandeira esta dupla afirmação: Fora da Caridade não há salvação; Fora da caridade não há verdadeiro espírita. Que possam os bons espíritos que nos protegem e que conhecem o nosso objetivo, nos ajudar a bem conduzir esta obra eminentemente de propaganda. Este é o desejo de nosso coração

E. Sabò[3]

Na 1ª quinzena de setembro de 1863, no nº 7, entre as p. 104 a 107, J. Chapelot (pseudônimo do famoso escritor Jean Codat) fala da incompatibi-

---
[3] La Ruche Spirite Bordelaise *informa no seu nº 24, 2ª quinzena de maio de 1865, em* Nota aos Assinantes, *assinada por J. Chapelot, que o Sr. Sabò "afastou-se para exercer suas novas funções de secretário particular do Sr. Allan Kardec, em Paris".*

lidade do *Fora da Igreja não há salvação* com a máxima espírita do *Fora da Caridade não há salvação*, que mais tarde Kardec aborda no *Evangelho Segundo o Espiritismo*, capítulo XV, item 8. Vejamos uma síntese:

(...)
Como a Igreja espera me convencer que o Espiritismo é uma obra satânica, se esta doutrina é a única, até o presente momento, que satisfaz à minha razão? E me pergunto por que o catolicismo considera como heresia a crença na pluralidade das existências, pois tal doutrina nos tem permitido a compreensão, até o presente momento, daquilo que era incompreensível para nós.

Antes de conhecer o Espiritismo, eu solicitava à Igreja, como tive a honra de vos dirigir, explicação sobre as desigualdades de inteligência, tão freqüente encontradas.
(...)
A Igreja, que tem a pretensão mais orgulhosa do que sábia, segundo eu, de dizer: fora de seu seio, não há salvação, permanece muda em relação a esta questão ou só responde superficialmente. O Espiritismo, que por ela é considerado como obra satânica, responde; e sua resposta nos satisfaz inteiramente: nós encontramos no Espiritismo a prova de um Deus justo, bom e misericordioso, tal como nossa razão sonhava depois de abandonar as "fraldas" da infância.
(...)
Afirmam que se ocupar do Espiritismo é uma obra criminosa, que terá como resultado nos abrir as portas do Inferno. — Vejamos se a mais simples lógica não destruiria tais alegações.

As coisas incompreensíveis que, antes do Espiritismo, eu escutava da religião católica e às quais era necessário acreditar para ser salvo me transformaram em um céptico. Desta forma eu não poderei estar mais fora da Igreja do que eu estava, e me envolvia cada vez mais nos caminhos tenebrosos que conduzem ao palácio do rei das trevas, quando uma faísca de luz iluminou a minha visão. Voltei alguns passos e me encontrei diante de um pequeno exército. Na sua bandeira li as seguintes palavras:

Fora da Caridade, não há salvação;
"Fora da Caridade, não há verdadeiro Espírita.
"Era a bandeira do Espiritismo.
"Eu me envolvi neste pequeno exército, e de céptico que estava, me transformei em crente: minha fé na imortalidade da alma estava então selada. — Depois deste dia, eu acredito em Deus, eu o amo sobre todas as coisas, e não cesso de lhe dirigir

as mais sinceras preces para que ele dê também aos outros a felicidade que ele me proporcionou, me permitindo conhecer a sublime ciência que solucionou todas as minhas dúvidas e da qual passei a ser e continuarei a ser um dos mais ardorosos adeptos, até que uma outra doutrina venha me provar que é lógico pregar o bem para fazer o mal; ensinar espanhol para aprender francês; falar misteriosamente para ser mais claro.
(...)

J. Chapelot

No mesmo nº 7, nas p. 111 e 112, o Espírito Cáritas dita uma comunicação espírita, na Sociedade Espírita de Lyon, através do médium Sr. B... (será o mesmo médium da mensagem de Cárita, no *Evangelho Segundo o Espiritismo*, cap. XIII, item 13, também ditada em Lyon?), intitulada *O Favo de Mel* e dedicada a Ruche Bordelaise (a tradução de *ruche* é *colmeia*), confirmando a bandeira escolhida pelos espíritas de Bordeaux, que é a mesma de todo o Espiritismo, a IIIª Revelação.

Vamos transcrevê-la na íntegra:

I

Espiritismo — doce favo de mel que cura todas as chagas das almas, sê bendito! Sê bendito, pois tu vens a elas conduzir a luz, as

Distribuição de cestas de Natal pelo Centro Espírita "Caridade e Fé", de Jaboticabal/SP (1936).

reunir, as regenerar, aglutinar os componentes dispersos desta longa corrente elétrica transformando-a em novo elo que reúne os homens e os espíritos; cadeia cujas ondulações, após ter serpenteado por toda a terra, retorna a Deus como o fluido perfumado de um coração cheio de esperança que, tendo reconhecido seu erro, se apressa a retornar à rota que o eleva. Espiritismo, sê bendito!

II

Espiritismo — doce favo de mel cujo suave perfume vem curar todas as dores —, sê bendito! Antes de te conhecer, o homem errava flutuando entre a dúvida e o materialismo, semelhante a estas plantas aquáticas agitadas pelas ondas e que se curvam à vontade dos ventos. Sê bendito, tu que tens dado ao homem a felicidade de conhecer a sua rota, de retirar o véu que lhe cobria o futuro, de crer em Deus, juiz de seus destinos, pai justo e misericordioso, cujo santo nome é profanado sem cessar por lábios indiferentes, enquanto os verdadeiros espíritas o adoram do fundo do coração, altar misterioso onde queima algum incenso, cuja fumaça, recolhida pelos anjos, é conduzida aos pés de seu trono por mensageiros de paz e de amor. Espiritismo, sê bendito!

III

Espiritismo — doce favo de mel que adocica as provas do homem lhe concedendo a esperança e a fé —, sê bendito! Tu reúnes os homens e os Espíritos em abraços apertados de fraternidade e de amor; tu tendes a fazer desaparecer entre eles o espírito de ódio e de discórdia, frutos do egoísmo e do orgulho. Os raios luminosos da graça dispensaram, como leves vapores, as sombras que lhes escondiam o futuro; e como atualmente tua divina tocha resplandece no horizonte, sua alma se eleva a alturas incomensuráveis que a vista não pode perceber, eles cantam a Deus o hino de reconhecimento e instruem as crianças a murmurar doces palavras: Espiritismo, sê bendito!

IV

Espiritismo — doce favo de mel que dá à alma a fé, a esperança, a caridade e o amor —, sê bendito! Os homens, sob a divina inspiração, desejam tornar-se irmãos; a riqueza e o poder, os títulos e os valores devidamente avaliados por seus detentores os aproximarão dos trabalhadores, enxames zumbindo que trabalham sob o peso do dia e do calor, para conduzir seu favo de mel à colmeia da Família. Sê bendito, tu que vens a tudo conciliar pela tocante simplicidade da doutrina; que tua bandeira agregue os verdadeiros apóstolos da fé e seus discípulos os quais, ajudados pelos bons Espíritos, conduzirão o seu mel à Ruche Spirite Bordelaise, que deseja reunir, sob a bandeira da fraternidade, os numerosos enxames de abelhas que cooperam na tua propagação. Oh, Espiritismo, sê bendito!

Cárita

Só para mostrar a aquiescência do lema da Caridade por todos os espíritas de Bordeaux, registro que no dia 31 de julho de 1864, após, evidentemente ao lançamento do *Evangelho Segundo o Espiritismo*, que ocorreu nos primeiros meses do ano corrente, Auguste Bez publica o primeiro número do jornal espírita *La Voix D´Outre Tombe (Bureaux: 19, rue du Palais de l´Ombrière)* e o editorial intitulado "A Todos" registra:

(...)
O jornal da Voix d´Outre Tombe (A Voz de Além-Túmulo) tem por objetivo estudar os discursos e ensinos dos mortos, esforçando-se para difundi-los e popularizá-los. Com mão firme e corajosa, ele cortará o imenso conjunto de mentiras friamente calculadas e grosseiros erros que os inimigos do Espiritismo rodearam, como lúgubre cadáver, a sublime doutrina que os Espíritos livres ditaram aos Espíritos encarnados que se chamam: os homens. Ele recusará sem piedade tudo o que a utopia, os sistemas pré-concebidos, a hipocrisia, a maldade e o orgulho se esforçam a lhe atribuir, e se esforçará para fazer brilhar aos olhos de todos as inefáveis belezas desta filosofia consoladora que escreveu em sua bandeira este nobre lema:
Fora da Caridade, não há salvação; fora da caridade, não há verdadeiro espírita.
(...)

Auguste Bez
Diretor Gerente

Aqui é hora de parênteses, para uma informação surpreendente! Foi com emoção que vimos no *Reformador*, órgão secular da Federação Espírita Brasileira (1973, p. 227), a revelação de que o lema da Sociedade de Estudos Espíritos — Grupo Confúcio, fundada em 02 de agosto de 1873 — era:
Sem Caridade não há salvação,
Sem Caridade não há verdadeiro espírita.

A escolha deste lema pelo Grupo Confúcio, primeira Instituição Espírita na capital do Brasil, ressalta a *pujança do movimento espírita de Bordeaux* e sua influência evangélica no destino das terras brasileiras, que erguerá a Nova Civilização do Espírito.

Voltemos para a Europa mãe!

Ainda sobre o tema da bandeira espírita, o Espírito Dr. Demeure dita à médium Madame Krell (é a mesma médium que captou a famosa prece do Espírito Cárita constante no livro *Rayonnements de la Vie Spirituelle*), em Bordeaux, a 25 de novembro de 1875, uma mensagem intitulada *Não há Necessidade que o Vendaval a Curve*, que reproduziremos na íntegra, da *Revue Spirite*, 1876, p. 20 e 21:

A bandeira do Espiritismo não pode tombar, mas não há necessidade que o vendaval a curve, não há necessidade que ela pareça vergar sob o vento mordaz do ridículo. Este é o momento em que a doutrina deve expor aos olhos dos incrédulos admiradores a sua profundidade de visão, sua sabedoria, sua grandeza, a beleza de seus princípios, a força de sua argumentação. É agora, principalmente agora, que ela deve se desprender das baixezas, das fraquezas humanas e se elevar consoladora, cheia de doçura e vigor, para provar aos homens que ela os conduzirá com segurança ao objetivo de seus desejos, à prosperidade, à felicidade. Esta bandeira que citarei a seguir e cujas dobras devem encher-se ao vento do progresso, a fim de que todos possam ler a palavra que nela se encontra gravada: Caridade; esta bandeira, repito, deve ser sustentada e mantida pelas mãos de todos os espíritas. É necessário, então, neste momento, que é o do grande trabalho, que todas as susceptibilidades, que todos os pequenos rancores desapareçam, que todos os irmãos em pensamento, em crença, tenham somente um coração e uma alma, que todos eles se apressem em defender esta filosofia que se esforça aqui na Terra a mostrá-la com todo o seu esplendor pois ela ainda é desconhecida, ridicularizada, caluniada por todos os lados. Os espíritas e os Espíritos devem se ajudar e proteger; dos dois lados da existência é necessário pois se reunir. Os Espíritos estão prontos, que os espíritas se rendam a seu apelo e que de todos os lugares possam chegar aos seus jornais as boas comunicações e os estudos sérios. Vossa fraternidade, vossa união, espíritas, será vossa melhor salvaguarda e vosso maior defensor; não o esqueça jamais e no momento de perigo venham todos sustentar a bandeira!

Demeure

Após a mensagem de alerta, a redação da *Revue Spirite*[4] anuncia a seguinte nota:

Observação: Em diversos grupos, os Espíritos transmitem conselhos com o mesmo objetivo, a união em torno da bandeira de Allan Kardec, em torno daqueles que resistem ao vendaval.

II — Discussão crítica sobre a bandeira do Espiritismo

Quando refletimos no lema "Fora da Caridade não há Salvação", duas palavras se destacam:

Caridade como método
Salvação como objetivo

Vamos analisá-las dissecando estas duas palavras-chaves, para encontrarmos o porquê delas no lema da bandeira do Espiritismo.

a) Salvação na visão espírita

O *Livro dos Espíritos* na perg. 1009 apresenta a seguinte fórmula:
Porto de Salvação = Redenção

Há dois tipos de redenção ou salvação que o "Espiritismo cristão e humanitário" anuncia:

1º) "A salvaguarda da ordem pública" que é o sinal de "uma era nova para a Humanidade" (LM, XXIX,350).

2º) "Salvar, segundo o Evangelho, significa elevar, purificar e sublimar, intensificando-se a iluminação do Espírito para a Vida Eterna" (Emmanuel, *Vinha de Luz*, FEB, lição 92).

Podemos resumir com Roustaing que o Espiritismo tem, pois, este objetivo: "a perfeição humana" (QE, I, 185), ou melhor, sua elevação, purificação e sublimação espiritual. Este progresso ocorre após o Espírito sofrer a expiação reservada ao culposo, pela reencarnação expiatória e aí ele "vê abrir-se para si, pela regeneração em um mundo mais elevado do que o planeta onde até então encarnara, novas veredas de purificação e progresso" (QE, III, 523). E nesta evolução constante, através da prática da Caridade, que é "a essência da perfeição" (ESE, XVII,2), é que o Espírito granjeará para si "um lugar no reino dos céus" (ESE, II,8).

---

[4] *Em 1876 o* L'administrateur *era P. G. Leymarie, que se encontrava, na época, encarcerado e A. Bourgès era* Le Gérant.

Realizando na prática o preceito doutrinário espírita "Fora da Caridade não há salvação", caravana de confrades piracicabanos visitam o Sanatório de Pirapitingui que abriga hansenianos na cidade de Itu/SP (1945).

b) Caridade na visão espírita

Tudo na natureza não dá salto. Também com a virtude maior da perfeita Caridade, ocorre o mesmo, e ela desabrocha, na prática, gradativamente. O *Evangelho Segundo o Espiritismo* diz que a *piedade* é uma espécie de "precursor da Caridade, primeira das virtudes que a tem por irmã e cujos benefícios ela prepara e enobrece" (cap. XIII,17).

O *Livro dos Espíritos* (perg. 305 da 1ª Ed./ 1857 e perg. 648 nas edições atuais) divide a lei natural em dez partes:

     1 — Adoração
     2 — Trabalho
     3 — Reprodução
     4 — Conservação
     5 — Destruição
     6 — Sociedade
     7 — Progresso
     8 — Igualdade
     9 — Liberdade
     10 — Justiça, Amor e Caridade

E os Espíritos reveladores dizem que "essa divisão da Lei de Deus em dez partes é a de Moisés e de natureza a abranger todas as circunstâncias da vida e que é essencial. Podes, pois, adotá-la..."

No entanto, eles ressaltam que a lei da Caridade é a mais importante, "por ser ela a que faculta ao homem adiantar-se mais na vida espiritual, visto que resume todas as outras".

Diferentemente do *mistério* nas religiões ritualísticas, dos conceitos *herméticos*, nas doutrinas ocultistas ou das *senhas sigilosas*, tão em voga, nos tempos virtuais de agora, para acessar a Internet ou nossos recursos bancários, o Espiritismo revela a "senha" do caminho para Deus (salvação), por meio de uma única palavra, "essência da perfeição": CARIDADE.

Para chegar a Deus a Caridade é a "senha" (ESE, XIV, 9).

A Caridade é a "*chave* dos céus", chave que temos em mão e que permite "elevar-se a altas regiões espirituais" (ESE, XIII, 12).

Mas como definir Caridade?

O *Livro dos Espíritos* define assim:

"O verdadeiro sentido da palavra Caridade como a entendia Jesus é benevolência para com todos, indulgência para as imperfeições dos outros e perdão das ofensas" (1º LE/1857, perg. 444 e perg. 886, nas edições atuais).

BENEVOLÊNCIA: É a "Caridade tão desconhecida entre os homens" (CI, p. 237).

Temos em Maria de Nazaré um grande exemplo desta virtude: quando a Senhora recebeu a revelação de que seria a *Mãe* de Jesus, também lhe foi informado que Isabel, sua parenta, estava grávida há 6 meses; diz então o texto que Maria levantou-se com pressa e foi para as montanhas de Judá, e lá permaneceu até o menino João nascer (ver Lucas, cap. II, 39/40 e 56).

INDULGÊNCIA: "Todos vós que dos homens sofreis injustiças sede indulgentes para as faltas dos vossos irmãos, ponderando que também vós não vos achais isentos de culpas; é isso Caridade, mas é igualmente humildade" (ESE, VII, 11).

PERDÃO: "Se perdoardes aos homens as faltas que cometerem contra vós, também Vosso Pai Celestial vos perdoará os pecados; mas, se não perdoardes aos homens quando vos tenham ofendido, Vosso Pai Celestial também não vos perdoará os pecados" (ESE, X, 2).

"Se contra vós pecou vosso irmão, ide fazer-lhe sentir a falta em particular, a sós com ele; se vos atender, tereis ganho o vosso irmão. Então, aproximando-se Dele, disse-lhe Pedro: "Senhor, quantas vezes perdoarei a meu irmão, quando houver pecado contra mim? Até sete

Chico Xavier em visita à Casa Transitória "Fabiano de Cristo", braço assistencial da Federação Espírita do Estado de São Paulo, uma das maiores obras filantrópicas da cidade. Na foto maior, com Luís Monteiro de Barros (Presidente da FEESP) e, na menor, com José Gonçalves Pereira, Presidente da Casa Transitória (Extraídas do livro *Álbum Histórico*, de Miguel Pereira).

vezes?". Respondeu-lhe Jesus: "Não vos digo que perdoeis até sete vezes, mas setenta vezes sete vezes" (ESE, X, 3).

"Se, portanto, quando fordes depor vossas oferendas no altar, vos lembrardes de que o vosso irmão tem qualquer coisa contra vós, deixai a vossa dádiva junto do altar e ide, antes, reconciliardes com o vosso irmão; depois, então, voltai a oferecê-la" (ESE, X, 7).

Chico Xavier, quase 500 livros psicografados, todos com direitos autorais doados a entidades filantrópicas, e milhares de instituições no Brasil criadas sob sua inspiração.

"Atire a primeira pedra aquele que estiver isento de pecados" (ESE, X, 13).

"Feliz, pois, daquele que pode todas as noites adormecer, dizendo: Nada tenho contra o meu irmão" (ESE, X, 14).

Vamos abordar agora a origem da Caridade, a melhor condição espiritual para sua perfeita manifestação e a atitude correta na hora da prática:

ORIGEM: Amor
A Caridade é filha do *amor* (ESE, XI, 9).
CONDIÇÃO: Fé
"Somente a Fé pode inspirar a Caridade... a Caridade é impossível sem a Fé" (ESE, XI, 13).

Sem a Fé "impulsos generosos se vos depararão, mesmo entre os que nenhuma religião têm; porém, essa Caridade austera, que só com abnegação se pratica, com constante sacrifício de todo o interesse egoístico, somente a Fé pode inspirá-la, porquanto só ela dá posse para carregar com coragem e perseverança a cruz da vida" (ESE, XI,13).

No entanto, é pelo fruto que se conhece a árvore, logo, "sem Caridade não há Fé, pois a Fé não é mais de que pura luminosidade que torna brilhante uma alma caridosa" (ESE, XIII,12)⁵.

... Sem Fé, é impossível praticar a "mais difícil Caridade: a de amar os inimigos". (CI, p. 193)

ATITUDE: Esperança

• "Na Esperança da promessa temos a âncora da alma, segura e firme". (Paulo, Carta aos Hebreus, VI: 18 e 19).

• A divisa espírita é o "facho celeste, a luminosa coluna que guia o homem no deserto da vida, encaminhando-o para a Terra da Promissão". (ESE, XV,10)

• Assim, "a Esperança e a Caridade são corolários da Fé e formam com esta uma trindade inseparável" (ESE, XIX,11)⁶.

Um outro ponto também merece destaque. A prática da Caridade mantém a esperança de diminuirmos as distâncias psicológicas entre os homens, pois a Caridade é um motor "de poderosa atração, a qual consolida e prolonga a união das almas a despeito de distância e lugares" (CI, p. 212). Essa união é o futuro da Humanidade, que a Caridade, pela Fé e pela Esperança, construirá. Por isso, recomenda o Espiritismo: "Aproximai as distâncias pela Caridade" (CI, p. 416). E isto é "o reino da Caridade, sob a divisa: um por todos e todos por um". (Gen. I, 62).

Evidentemente este trabalho não disse tudo. Também nenhum outro escrito disse, diz ou dirá! A única maneira de conhecermos, em essência, o significado da bandeira espírita do "Fora da Caridade não há salvação", é, na prática, na sua mais larga e completa realização.

---

⁵ *Em outra passagem do* Evangelho Segundo o Espiritismo, *cap. XV, item 7, se diz que o Espiritismo coloca, sem equívoco, "a Caridade acima da Fé". E conclui: "É que a Caridade está ao alcance de toda a gente... e independe de qualquer crença particular". É lógico que aqui "fé" está como sinônimo de "crença" e não como o instrumento de sintonização com Deus.*

⁶ *Na* Revista Espírita *de fevereiro de 1862, nas p. 54 a 57, esta "trindade inseparável" se destaca em três mensagens, captadas pala Sra. Cazemajour, uma para cada virtude. "A Fé" pelo Espírito Georges, bispo de Périgueux; "A Esperança" pelo Espírito Felícia, filha do médium e "A Caridade" por Adolfo, bispo de Argélia, "que na Terra foi um de seus fervorosos apóstolos". Nesta última mensagem se encontra a frase: "O Espiritismo tem por divisa Amor e Caridade". Vale a pena conferir!*

Jorge Damas Martins, 44 anos, é casado com Regina Lucia, sua companheira em atividades espirituais, e tem dois filhos: Lucas e Pedro. É Psicólogo e atua há 19 anos numa destacada empresa do setor financeiro. É Consultor em Recursos Humanos. Desde 1978 realiza palestras sobre Psicologia do Eu Profundo e Empresarial, Espiritismo, Parapsicologia, Filosofia Hermética e Oriental, I Ching, Monismo de Pietro Ubaldi, etc.
jdamas@antares.com.br

Edynardo Weyne, o Semeador de Esperanças

Ary Bezerra Leite

"Dentro do meu peito ruge um leão,/ Que se alimenta de sangue e de emoções./Não há quem o reduza à escravidão,/ É livre como o vento, livre de tufões!" ensaiava o jovem Edynardo, em 1929, justificando-se que aos 18 anos todos nós somos poetas ou desejamos sê-lo. Esse exercício de inspiração, senão revelava o poeta expunha a paixão indomável do cearense Edynardo Weyne e projetava a trajetória combativa de uma vida que seria dedicada à causa da verdade, da liberdade e da dignidade humana.

Nascido em Fortaleza, em 9 de janeiro de 1911, tinha nas fortes raízes da descendência terrena uma linha de bravura e destemor. Seu bisavô Leocádio da Costa Weyne, como tenente, foi voluntário para servir na defesa das fronteiras do Império, no Rio Grande do Sul. Seu avô, Coronel do Exército Alfredo da Costa Weyne, era professor e revelou-se por bravura como voluntário na Campanha do Paraguai, cumprindo

Cel. Edynardo Weyne

depois missões de luta contra o cangaceirismo que assolava, no século XX, os sertões nordestinos.

A outra fonte de sua formação nascia da herança dos pais, o comerciante Álvaro Weyne, líder maçônico e espírita de destaque, que se tornou um exemplo de administrador como Prefeito da cidade de Fortaleza, em duas ocasiões; e Maria José Rodrigues Weyne, presença dedicada em todas as campanhas humanitárias e que se destacou como 1ª presidente da Legião Brasileira de Assistência no Ceará.

Dessa descendência terrena, Edynardo assumiria a personalidade dinâmica que colocava a coragem e bravura do soldado e a capacidade realizadora do administrador em favor da bandeira da verdade Espírita, do ideal de Liberdade e do Amor Fraternal.

Herói militar e patriota

Foi aluno do Colégio Militar do Ceará. E ainda tenente assumia as tribunas públicas no momento em que o mundo vivia a tragédia da Segunda Guerra Mundial. Ao lado dos Drs. Perboyre e Silva e Madaleno Girão Barroso formou o conselho deliberativo da Sociedade Amigos da América, empolgando o público em sua oratória na sessão cívica de

Edynardo Weyne, em Pávia, Itália, durante a Segunda Guerra. A foto, de 10 de maio de 1945, mostra-o discursando e apontando ao povo uma mulher guerrilheira como símbolo de uma nova Itália.

A grande esperança

Coronel Edynardo Weyne

"há um mundo de esperança, no olhar de uma criança..." (Frase profunda e profética integrante do hino do Lar Fabiano de Cristo). Apaga-se uma luz na terra — No dia 14 de junho de 1979 desencarnou no Hospital das Forças Armadas em Brasília, o escritor, jornalista, historiador, radialista e poliglota Carlos Torres Pastorino. Era formado em Filosofia e Teologia. Espírita com obras participou da fundação da Capemi-Lar Fabiano de Cristo, uma das maiores instituições assistenciais do mundo. Em 1937, quando se encontrava em Roma para ser declarado diácono, o Padre Pastorino deixou a batina de sacerdote da Igreja Católica. Ficara estarrecido e revoltado com a atitude do Papa Pio XII que se recusara a receber o Mahatma Gandhi, o Apóstolo da não-violência, um dos mais elevados cimos da Humanidade, no seu tradicional traje branco, exigindo que o líder da Índia se vestisse de casaca. O então Padre Pastorino disse para consigo mesmo: neste caso, ele não permitiria que Jesus o visitasse no Vaticano, pois nosso Mestre se vestia igual a Gandhi. No dia 31 de maio de 1950, depois de ler por vários meses "O Livro dos Espíritos" que lhe emprestaram, declarou-se publicamente Espírita. Empunhou o arado e foi mourejar pelo nosso irmão em sofrimento. Em junho de 1979, plorando, no Hospital em que se internara, seu estado de saúde, foi procurado por um Capelão Católico, que insistiu para que ele retornasse à Igreja, como ex-sacerdote. Temeroso que, após sua morte, viessem a propalar que abjurara os emancipadores princípios da Religião Espírita, pediu a vinda de um tabelião e, em seu leito de moribundo, no Hospital das Forças Armadas de Brasília, em presença de várias testemunhas, reafirmou sua condição de Espírita convicto, razão pela qual recusava a retratação solicitada e também não aceitava a confissão "in extremis". Queria partir para o Mundo da imortalidade como Espírita de corpo, coração e Alma.

Estude, Dr.! No livro "A ÚLTIMA PARADA" de nossa co-autoria, narramos um episódio passado em nosso Centro Espírita Amor ao Próximo. Há um ano atrás, em uma das sessões, um Espírito, através de uma médium, nos participou que se encontrava na assistência uma senhora que planejava se suicidar no dia seguinte. Instruiu-nos para que falássemos sobre as conseqüências deste ato de desespero. Assim fizemos. No outro dia soubemos que o fato era verdadeiro e que a pessoa havia se arrependido. Tempos depois, a mesma irmã, acompanhada por um filho, procurou um analista para orientá-la sobre problemas domésticos. Em meio ao diálogo, ela disse que o jovem tinha o nome de Allan Kardec. Ouvindo isso, o analista explodiu: "O que a senhora esperava dando ao seu filho o nome de Allan Kardec?". Ela replicou: Por que? Há algum mal nisso? Por acaso o senhor sabe quem foi Allan Kardec? — Era um demônio... A cliente, enfrentado a tempestade, ousou fazer mais uma indagação: o Sr. já ouviu falar em Chico Xavier? Chico é outro demônio. Com cara de santo, objetiva levar a todos nós para o inferno! Escandalizada a paciente retirou-se imediatamente. Agora perguntamos a nós próprio: Como é que um homem que exerce uma profissão que requer cultura, pode dizer tamanhas asnices?! Desejoso de ampliar os conhecimentos do detrator do nosso amado Chico, fazemos a caridade de indicar-lhe três livros que alargarão seu hoje reduzido horizonte científico. São eles: "A Ciência do Espírito" do parapsicólogo Henrique Rodrigues, "Agenda de um Psiquiatra Espírita" do médico Dr. Roberto Silveira e "Morte, Renascimento e Evolução" do cientista Hernani Guimarães Andrade. Bom proveito. Aprenda, Dr.

Credor agradece ao devedor — Certa feita, um amigo de Chico Xavier observou que ele após dar às escondidas dinheiro a um mendigo, passou a agradecer-lhe. Estranhando a atitude, perguntou-lhe: Chico, você dá e agradece? É lógico. Ele me deu a oportunidade de praticar aquilo que prego. Nada mais justo do que expressar-lhe minha gratidão, pois fui beneficiado.

Fac-símile de artigo do Cel. Edynardo Weyne no jornal *Diário do Nordeste* de Fortaleza - CE (12/1/1986).

instalação no Teatro José de Alencar. Em outra vibrante oração, em comício na Praça do Ferreira, conclamou a todos para a luta de morte contra o fascismo e a quinta coluna.

O General Euclides Zenóbio da Costa, em sua passagem por Fortaleza, em 1943, já nomeado para comandar as tropas expedicionárias brasileiras, hospedou-se na residência de Álvaro Weyne, o que ensejou ao tenente Edynardo solicitar-lhe sua inclusão como voluntário. Ao partir para a Itália, é destacado na imprensa por Aníbal Bonavides, como intrépido lutador democrata, que conquistara o direito dessa homenagem na praça pública e na trincheira jornalística. Em pleno Atlântico, a bordo do navio "General Meigs", Edynardo anotaria em seu diário: "O fim do fascismo só será proveitoso para a humanidade se marcar o início de uma nova era onde os homens pratiquem, de coração e não obrigados por leis draconianas, a fraternidade e a tolerância, sem as peias das fronteiras nacionais e os entraves das igrejas...".

As vivências da destruição e do sofrimento na guerra marcaram-lhe a alma. Em seu Diário de Campanha, inexplicavelmente destruído, registrou ao chegar no acampamento de Ponte a Mariano: "Pelo caminho vi os espetáculos de sempre: mulheres famintas com crianças famintas nos braços; meninos de bicicletas, todos com bolsas para levarem o que encontrassem para comer". No boletim interno, o General Zenóbio da Costa fez o seguinte louvor ao Capitão Edynardo: "Na linha de frente, acompanhava o funcionamento e o reabastecimento nos combates, revelando energia, coragem e uma compreensão perfeita dos seus deveres militares".

De volta ao Ceará, em seu uniforme militar de capitão, Edynardo Weyne dizia com destemor à imprensa: "Uma nova constituição, para o Brasil, é uma necessidade, pois o mundo inteiro se reorganiza dentro dos postulados de justiça social e fraternidade". Exerceu, nessa fase de sua vida, diversas funções públicas que lhe permitiram exercitar seu temperamento de luta em defesa do interesse coletivo. Como gestor do Estabelecimento de Subsistência da 10ª Região Militar, ao mesmo tempo que desenvolvia produção de alimentos no Cocorote, reclamava pela imprensa: "Estradas! Estradas! Estradas! Enquanto Fortaleza passa fome, a fabulosa produção dos sertões cearenses, escoa para outros Estados ou fica sem aproveitamento". Fundou e presidiu a Liga do Ex-Combatente, no Ceará, reclamando o amparo aos soldados brasileiros que lutaram na Itália.

Após servir o Exército em outras regiões brasileiras, novamente marcou presença na vida cearense. Foi representante das Forças Armadas na Comissão de Abastecimento e Preços do Estado do Ceará, órgão do qual se demitiu: "Se no exercício das minhas atribuições não puder fazer perguntas quando reputar ferido o interesse coletivo, não há razão de ser da minha presença ali...".

Em 1960, os jornais de Fortaleza publicaram com freqüência denúncias sobre o contrabando desenvolvido em Camocim, em comunicados assinados simplesmente "Spartacus". Os comunicados se sucediam: "Olhe o que digo: na próxima lua nova, no 'Porto do Boi', que fica na Fazenda Marisco, no Município de Camocim, à margem do Rio Remédio, haverá embarques e desembarques... Da minha trincheira avançada, na Terra de Ninguém, mando-lhe minha saudação". ... Os jornais perguntavam: Quem é "Spartacus"? E o proclamava como o "agente da honra na república da fraude que se instalou na Zona Norte". Finalmente, ao ter sua filha Assunção de Maria, de dois anos e meio de idade, ameaçada de rapto pelos contrabandistas, o então Coronel Edynardo Weyne revelou-se para a imprensa como "Spartacus": "Na zona norte do Ceará não está mais hasteado o pavilhão nacional, mas a bandeira preta e branca da pirataria...". Para o jornalista Juarez Furtado Temóteo, "Spartacus cumpriu a mais difícil e perigosa missão da guerra contra os contrabandistas".

Residindo em Varginha, sul de Minas, foi redator-chefe do periódico A Razão, que tinha como lema: "Amor aos humildes; guerra aos opressores". Nessa cidade, o Coronel Edynardo Weyne é credenciado como Delegado do Partido Socialista Brasileiro, e promove a convenção de fundação da seção municipal do partido, assumindo sua presidência.

Fundando Centros Espíritas

Em 1962, no início de suas atividades profissionais na construção da Barragem de Furnas, dá início a sua tarefa espiritual de edificador de centros espíritas, com a ajuda permanente da esposa, Dra. Maria Assunção Weyne. A comunidade, de cerca de 7.000 empregados e seus familiares, viu surgir o "Centro Espírita Servos de Jesus", proclamando como missão: "Levar a luz do Evangelho de Jesus, interpretado segundo o Espiritismo, aos angustiados do caminho, às vítimas das trevas e aos que perderam, ou nunca souberam, o endereço de Deus". Seu trabalho evangélico foi tão contundente que, em carta assinalada como "toda confidencial", o Padre João Henning pediu à direção de Furnas: "Faça-nos o favor de promover o Dr. Coronel e mande um que não se envolva na vida católica do povo de Guapé".

Ao assumir funções em outro canteiro de obras, agora na hidrelétrica de Boa Esperança, no Piauí, o compromisso espiritual de Edynardo Weyne e esposa edificou numa singela cabana mais um templo de amor, o Centro Espírita "Luz nas Trevas", instalado na noite de 15 de julho de 1964, onde se materializou a Doutrina Espírita em benesses de pura fraternidade.

Edynardo Weyne com sua esposa Maria em frente ao Centro Espírita "Seara do Divino Mestre" que fundou em Mecejana (Fortaleza/CE). Foto dos anos 70.

Novamente no Ceará, radicado no distrito de Messejana, funda em sua residência à Rua Padre Pedro de Alencar, 108, às margens da lagoa, no dia 27 de dezembro de 1964, o Centro Espírita Amor ao Próximo, depois transferido para o anexo de sua nova residência à Rua Maria José Weyne. A tarefa espírita se consolidava com a instalação de uma nova associação fraterna, em seu sítio na Mangabeira, sob o nome de Centro Espírita Rural Seara do Divino Mestre. Os dois centros tornavam-se então ponto de apoio às populações sofridas, onde obreiros da boa nova ofereciam a mensagem espiritual, a ajuda curadora e a assistência e orientação social.

O Jornalismo espírita

Inicia-se nova etapa redentora na vida de Edynardo Weyne: o jornalismo espírita. Seu primeiro artigo foi publicado no *Correio do Ceará*, em 17 de dezembro de 1965, a que se segue uma longa série de crônicas doutrinárias. No matutino *Unitário*, assina de 1967 a 1971 a coluna "Pelos Caminhos do Espiritismo". Paralelamente, a partir de 1968, é responsável pela coluna "Sob a Bandeira da Esperança", nas páginas de *O Estado*. De 1969 a 1971, é também responsável pela coluna semanal "Uma Luz nas Trevas", no periódico *A Gazeta de Notícias*. Em 1972, escreve na coluna "Ao Encontro de Jesus", na *Tribuna do Ceará*, paralelamente com "A Grande Esperança", publica aos sábados em *O Povo*, a partir de 29 de abril de 1972. Em dezembro de 1982, completa seu labor jornalístico transferindo-se para o *Diário do Nordeste*. As crônicas espíritas assinadas pelo Coronel Edynardo Weyne levaram o alento da mensagem espírita aos leitores dos jornais cearenses durante 26 anos ininterruptos, até o seu desencarne, ocorrido em 29 de março de 1991. Mantendo intensa atividade doutrinária em Fortaleza, colaborando em importantes veículos da imprensa espírita, promovendo uma profícua correspondência fraterna com vultos da doutrina espírita, Coronel Edynardo Weyne tornou-se nome eternamente reverenciado. Uma idéia da dimensão do seu trabalho encontra-se, por exemplo, numa carta fraternal do escritor espírita Mário B. Tamassia, que afirma: "Você me fez. Amparou-me no início; cedeu-me a sua fortaleza. Por esta razão, nunca poderei esquecê-lo. É de fato o 'Irmão Edynardo' que os mentores colocaram ao meu lado".

Em artigo produzido para *Manhã de Sol*, edição de abril de 1977, sob o título "Meu Compromisso com Jesus", Edynardo Weyne narra como mãos invisíveis evitaram-lhe o desencarne aos 5 anos de idade, no desabamento de um muro em Porangaba; aos 20 anos, ao tentar jogar-se de um bonde em grande velocidade, e em 1944, na Segunda Guerra Mundial, quando uma tromba d'água destruiu uma barcaça de desembarque. Ao reconhecer a presença salvadora do seu Anjo da Guarda, nessas ocasiões, deixou-nos essa emocionada confissão:

"Ainda não chegara o minuto cármico do meu retorno ao 'Outro Lado do Véu'. Aguardavam-me tribulações, espinhos, dores morais, angústias, desencantos, vendavais, miragens, abismos e pântanos na jornada da carne.

Já no crepúsculo da minha existência material, surgiu a razão da minha vinda ao Mundo dos Homens. Minha missão. Minha tarefa. Meu compromisso. A Cruz que é o preço da minha evolução. Ser escriba, arauto, porta-voz, divulgador dos fenômenos, dos princípios, das Verdades transcendentais da Religião Espírita. Levar ao coração dos que me lêem ou ouvem uma réstia de esperança, uma migalha de esclarecimento, um fragmento de bom ânimo, uma faisca de amor, uma partícula de paz...".

ARY BEZERRA LEITE nasceu em Fortaleza CE. Foi redator e diretor artístico nas emissoras Rádio Iracema e Rádio Uirapuru de Fortaleza, assessor na Rádio Assunção, redator de cinema no jornal *Gazeta de Notícias* e colaborador do jornal *O Povo*. Foi diretor do Cine-Clube de Fortaleza, membro-fundador do Cine-Clube EBAP do Rio de Janeiro e da Federação de Cine-Clubes do Rio de Janeiro. Formado pela Escola Brasileira de Administração Pública da Fundação Getúlio Vargas e com especialização na École Nationale d'Administration — ENA, em Paris e mestrado na University of South Dakota. É professor e Coordenador Geral dos Cursos de Pós-Graduação em Administração na Universidade Estadual do Ceará. Exerceu muitos cargos de direção em órgãos governamentais desse Estado, como na Secretaria de Educação, Instituto de Previdência, Companhia Energética, Secretaria da Cultura e Secretaria da Administração do Estado. Exerceu ainda a coordenação do Programa de Modernização Administrativa do Estado, sob o patrocínio do Programa das Nações Unidas para o Desenvolvimento — PNUD, e é ainda membro do Conselho de Cultura do Estado do Ceará e consultor na área de Governo e Administração Pública.

Foi diretor do CLEF — Clube do Livro Espírita de Fortaleza, presidente da CEC — Comunhão Espírita Cearense, fundador e editor do jornal espírita *Manhã de Sol,* fundador e membro do CDEC — Centro de Documentação Espírita do Ceará e colaborador de *Gazeta Espírita*. jornalgazetaespirita@yahoo.com.br

A Atualidade de um Pensamento na Práxis do Centro Espírita

Wilson Garcia

O cenário atual da intelectualidade espírita no Brasil contrasta com o período fértil que se constituiu aquele que vai de 1940 a 1985. Entre os grandes pensadores deste período, três se destacaram: Carlos Imbassahy, José Herculano Pires e Deolindo Amorim. O retorno ao plano invisível dos três, em momentos distintos mas dentro daquele período, marcou o fechamento de um ciclo de grandes pensadores, não diríamos apenas pensadores espíritas e sim homens que integraram a intelectualidade brasileira com notáveis contribuições. A partir da desencarnação de Deolindo Amorim em 1985, inicia-se o novo período que já se delineava com o desaparecimento de Herculano Pires em 1979. Entre as causas que determinaram a nova situação, ainda por serem devidamente estudadas, há de se encontrar o processo de fechamento do movimento espírita no Brasil, que vem ocorrendo paulatinamente de forma ordenada há longos anos, antes mesmo do desaparecimento daquelas figuras. Trata-se de um processo que, a considerar os exemplos históricos dos grandes movimentos que marcaram as mudanças das civilizações, se encontra num ponto que poderíamos definir como sem retorno. Não vai aqui nenhum sentido pessimista ou de desolação; é apenas a constatação de uma realidade que se esboça e aponta para um

Herculano Pires ao microfone proferindo palestra

futuro não muito distante de completa dicotomia entre a práxis dos centros espíritas e o conteúdo das obras básicas. As instituições máximas do movimento definiram um modelo de condução da coisa espírita que exclui qualquer possibilidade de fertilização do pensamento, em que as regras predominantes conduzem naturalmente a uma espécie de compressão da razão. Isto implica, evidentemente, a aceitação de que o Espiritismo se basta a si mesmo, com evidente influência de um outro modelo no qual as interpretações estão estabelecidas e devem ser seguidas, apenas. Pode-se até pensar num tipo de progresso aceitável, desde que não confrontador com o pensamento dominante, o que não modifica o sentido de fechamento assinalado.

Se obras filosóficas do porte de *O Espírito e o Tempo* se erigiram em verdadeiros monumentos do pensamento "piresneano" (como o denominou o extraordinário pensador portenho Humberto Mariotti; se com "O Ser e a Serenidade" Herculano atinge culminâncias inigualáveis, com suas obras pontuais ele se inseriu na práxis de um movimento que encontrou solo fértil no Brasil para se expandir de forma irrefreável. Aí se alinham livros como *O Centro Espírita* (1980), *Mediunidade* (1978) e *Vampirismo* (1980), nascidos de uma espécie de laboratório mediúnico mantido por Herculano e de suas incursões nesse espaço ocupado pelos centros espíritas, nos quais a teoria e a prática formam uma complexa

Palestra de Herculano Pires

teia de contradições. *O Centro Espírita*, publicado pouco após o desaparecimento do autor (1979), tornou-se com justa razão uma obra de referência. Logo no seu início o autor deixa clara a preocupação que vai ocupar o livro todo, ao dizer: "Se os espíritas soubessem o que é o centro espírita, quais são realmente a sua função e a sua significação, o Espiritismo seria hoje o mais importante movimento cultural e espiritual da Terra". Uma afirmação no mínimo ousada que, ao fundir-se logo após com esta outra: "O Centro Espírita (...) é o *point d'optique* do movimento doutrinário, ou seja, o seu ponto visual de convergência", deixa à mostra a visão do conjunto que Herculano possuía. Pode-se dizer que pensava: se o Espiritismo pode cursar, como um grande e irrepresável rio, diversos leitos no plano da sociedade, aquele em que estão situados os centros espíritas é dos mais importantes.

Denota-se, do acervo de cerca de oitenta obras escritas por José Herculano Pires (com certeza, grande parte nascida desses instantes incontroláveis e não planejados) uma opção feita pela abordagem dos pontos cruciais deste movimento verdadeiramente não institucionalizado, e por isso mesmo progressista, em que não faltam as instituições jurídicas mas sobram indivíduos que raciocinam e não se atrelam a nenhuma forma de pensamento oficializado. Daí porque o Centro Espírita ocupa sua atenção, em certa medida, central, fazendo com que as diversas obras pontuais, mesmo que indiretamente, convirjam para este "ponto visual", no objetivo de sanear idéias para corrigir distorções e fortalecer o pensamento crítico. Em toda a obra pontual corre solta a intenção de levar o leitor a um raciocínio em torno da abrangência do Espiritismo, inserido que está na cultura do mundo, em lugar de oferecer fórmulas ou modelos para as situações que se apresentam. A autores da estirpe de um José Herculano Pires não interessam as fórmulas que aparentemente resolvem as situações factuais, mas a fundamentação de uma cultura que pode solucionar tanto os fatos preocupantes do momento como também aqueles que, sem estarem claros, estão por vir. Trata-se de uma visão do professor, no melhor sentido do termo; daquele que não desdenha a potencialidade do aluno nem sua possível frágil capacidade de aprofundamento do conteúdo, mas trabalha seu desenvolvimento como a melhor medida para o futuro.

Nesta linha de pensamento, o autor de *O Centro Espírita* pôde anotar: "o que fazemos, em todo este continente espírita, é um esforço imenso de igrejificar o Espiritismo, de emparelhá-lo com as religiões decadentes e ultrapassadas, formando por toda parte núcleos místicos e portanto fanáticos, desligados da realidade imediata". Tornou-se natural, portanto, em Herculano Pires, a preocupação com os problemas pontuais, no macro (continente, país gigante, Brasil) e no microcosmo do corpo que se convencionou denominar "movimento de unificação" doutrinário. Aquele que um dia disse que os homens costumam sucumbir ante as preocupações com as miudezas da vida (ficam ciscando, como as galinhas, disse ele) viu-se obrigado a descer aos detalhes para depois alcançar as causas verdadeiras desse "esforço imenso de igrejificar o Espiritismo". Por detrás da cortina encontrou a cultura estratificada em camadas de experiências, somando-se no aqui e no agora às imposições de uma moral individual deficiente que conduz aos desvios do próprio movimento. O mais evidente — e preocupante — o seu fechamento, que implica corte profundo entre o pensamento e o progresso porque está mais próximo de atender aos interesses sectários.

O bom filósofo se mistura em Herculano ao bom professor e ao bom jornalista, e dessa mistura difícil de separar, mesmo quando a produção literária está mais para um que para outro, emerge o conceito claro que conduz o raciocínio. Herculano pensa o Espiritismo, e o faz com a certeza de que se trata de uma "visão nova da realidade". Percebe, todavia, que a tendência do novo é misturar-se ao velho; localiza, mesmo, essa mistura na parcela institucionalizada do movimento. Aponta-a. Combate-a! Mas não se coloca no fulcro das paixões sem o cuidado de não se perturbar por elas. "A realidade compreende o mundo e o homem" — diz ele, concluindo: "Para que o mundo não aturda o homem é preciso que o homem saiba o que é o mundo". Há, aí, uma relação clara entre o que pretende a doutrina e o que aguarda o ser: o futuro. Quando deseja levar isso para o Centro Espírita, tem em mente afastar a influência do velho, que está ali muito presente, para fazer prevalecer o conceito de que o Espiritismo contribui para a evolução e como tal não comporta preconceitos, conteúdos místicos irracionais, condutas fanáticas ou quaisquer óbices ao progresso. Ou seja, trata-se de uma obra aberta, em que o respeito ao produto elaborado por Kardec não se confunde com o produto que nasce naturalmente do contato do estudioso com os livros, esteticamente reelaborado, evidentemente outro, embora fundamentalmente ligado àquele. O centro espírita, contudo, como destinatário circunstancial do pensamento de Herculano, aparece na razão direta de sua importância. Noutra parte de sua obra, o pensador integrado no mundo fala ao homem de forma geral, como a dizer que o sectarismo não pode prevalecer quando o pensamento abrangente não é excludente nem por motivo de crença, nem por motivo de raça ou cor. Foi ele, pois, o pensador que, segundo ainda Mariotti, "colocou na América, tal como o desejava Allan Kardec, o Espiritismo na via filosófica".

Dados biográficos de José Herculano Pires

José Herculano Pires nasceu na cidade de Avaré, no Estado de São Paulo em 25/09/1914, e desencarnou nesta capital em 09/03/1979. Filho do farmacêutico José Pires Correia e da pianista Bonina Amaral Simonetti Pires, fez seus primeiros estudos em Avaré, Itaí e Cerqueira César. Revelou sua vocação literária desde que começou a escrever. Aos 9 anos, fez o seu primeiro soneto, um decassílabo sobre o Largo São João, da sua cidade natal. Aos 16 anos, publicou seu primeiro livro, *Sonhos Azues* (contos), e aos 18 anos o segundo livro, *Coração* (poemas livres e sonetos). Já possuía seis cadernos de poemas na gaveta, colaborava nos jornais e revistas da época, da província de São Paulo e do Rio. Teve vários contos publicados com ilustrações na *Revista da Semana* e no *Malho*.

Herculano Pires

Herculano Pires autografando o livro A *Viagem* (foto de J. P. Andrade).

Foi um dos fundadores da União Artística do Interior (UAI), que promoveu dois concursos literários, um de poemas pela sede da UAI em Cerqueira César, e outro de contos pela Seção de Sorocaba. Mário Graciotti o incluiu entre os colaboradores permanentes da seção literária de *A Razão*, em São Paulo, que publicava um poema de sua autoria todos os domingos. Transformou (1928) o jornal político de seu pai em semanário literário e órgão da UAI. Mudou-se para Marília em 1940 (com 26 anos), onde adquiriu o jornal *Diário Paulista* e o dirigiu durante seis anos. Com José Geraldo Vieira, Zoroastro Gouveia, Osório Alves de Castro, Nichemaja Sigal, Anthol Rosenfeld e outros promoveu, por meio do jornal, um movimento literário na cidade e publicou *Estradas e Ruas* (poemas) que Érico Veríssimo e Sérgio Millet comentaram favoravelmente. Em 1946, mudou-se para São Paulo e lançou seu primeiro romance, *O Caminho do Meio*, que mereceu críticas elogiosas de Afonso Schimidt, Geraldo Vieira e Wilson Martins. Repórter, redator, secretário, cronista parlamentar e crítico literário dos

Diários Associados. Exerceu essas funções na Rua 7 de Abril por cerca de trinta anos. Autor de 81 livros de Filosofia, Ensaios, Histórias, Psicologia, Pedagogia, Parapsicologia, Romances e Espiritismo, vários em parceria com Chico Xavier, sendo a maioria inteiramente dedicada ao estudo e divulgação da Doutrina Espírita... Lançou a série de ensaios Pensamento da Era Cósmica e a série de romances e novelas de Ficção Científica Paranormal. Alegava sofrer de grafomania, escrevendo dia e noite. Não tinha vocação acadêmica e não seguia escolas literárias. Seu único objetivo era comunicar o que achava necessário, da melhor maneira possível. Graduado em Filosofia pela USP em 1958, publicou uma tese existencial: "O Ser e a Serenidade". De 1959 a 1962, exerceu a cadeira de filosofia da educação na Faculdade de Filosofia, Ciências e Letras de Araraquara.

Foi membro titular do Instituto Brasileiro de Filosofia, seção de São Paulo, onde lecionou psicologia. Tornou-se presidente do Sindicato dos Jornalistas Profissionais no Estado de São Paulo de 1957 a 1959. Foi professor de Sociologia no curso de Jornalismo ministrado pelo Sindicato.

José Herculano Pires foi presidente e professor do Instituto Paulista de Parapsicologia de São Paulo. Organizou e dirigiu cursos de Parapsicologia para os Centros Acadêmicos: da Faculdade de Medicina da USP, da Santa Casa de Misericórdia de São Paulo, da Escola Paulista de Medicina e em diversas cidades e colégios do interior.

Fundou o Clube dos Jornalistas Espíritas de São Paulo em 23/01/1948. O Clube funcionou por 22 anos. Herculano foi membro da Academia Paulista de Jornalismo na qual ocupou a Cadeira "Cornélio Pires" em 1964.

Herculano pertenceu também a União Brasileira de Escritores, na qual exerceu o cargo de Diretor e Membro do Conselho no ano de 1964.

José Herculano Pires foi Chefe do Sub-Gabinete da Casa Civil da Presidência da República no governo do Sr. Jânio Quadros no ano de 1961, na qual permaneceu até a renúncia do mesmo. Espírita desde a idade de 22 anos, não poupou esforço na divulgação falada e escrita da Doutrina Codificada por Allan Kardec, tarefa essa à qual dedicou a maior parte da sua vida. Durante 20 anos manteve uma coluna diária de Espiritismo nos *Diários Associados* com o pseudônimo de Irmão Saulo.

Durante quatro anos manteve no mesmo jornal uma coluna em parceria com Chico Xavier sob o título "Chico Xavier pede Licença". Foi Diretor-fundador da revista *Educação Espírita* publicada pela Edicel.

Em 1954, publicou *Barrabás*, que recebeu um prêmio do Departamento Municipal de Cultura de São Paulo, constituindo o primeiro volume da Trilogia *Caminhos do Espírito*. Publicou, em 1975, *Lázaro*, e com o romance *Madalena* concluiu a Trilogia.

Traduziu cuidadosamente as obras da Codificação Kardecista enriquecendo-as com notas explicativas nos rodapés. Essas traduções foram doadas a diversas editoras espíritas no Brasil, Portugal, Argentina e Espanha.

Colaborou com o Dr. Júlio Abreu Filho na tradução da *Revista Espírita*.

Ao desencarnar deixou vários originais, os quais vêm sendo publicados pela Editora Paidéia.

Bibliografia

GARCIA, Wilson. *Kardec é Razão*. São Paulo: Ed. USE, Brasil, 1998.

Nosso Centro. São Paulo: Ed. Eldorado/USE, Brasil, 1999.

MARIOTTI, Humberto & RAMOS, Clóvis. *Herculano Pires, Filósofo e Poeta*. São Paulo: S. Bernardo do Campo, Ed. Correio Fraterno, Brasil, 1984.

PIRES, Heloisa. *Herculano Pires, o Homem no Mundo*. São Paulo: Ed. Feesp, Brasil, 1992.

PIRES, José Herculano. *Mediunidade*. São Paulo: Ed. Edicel, Brasil, 1978.

O Centro Espírita. São Paulo: Ed. Paidéia, Brasil, 1980.

Vampirismo. São Paulo: Ed. Paidéia, Brasil, 1980.

WILSON GARCIA é jornalista, publicitário e escritor, com especialização em Comunicação Social. É também mestrando do curso de Comunicação e Mercado do programa de pós-graduação da Faculdade de Comunicação Social Cásper Líbero. Escreveu diversos livros, entre eles: *O Centro Espírita; O Corpo Fluídico; Você e os Espíritos; Você e a Reforma Íntima; Nosso Centro; Chico; Você é Kardec?;* e outros.
wilgar01@terra.com.br

Literatura Espírita: uma Breve Reflexão

Geraldo Campetti Sobrinho

Dois mil títulos! A literatura espírita publicada no Brasil já ultrapassa esta expressiva quantidade.

É impressionante como toda semana surge, pelo menos, um novo título nas livrarias das capitais e cidades do interior do País. Romances, contos, crônicas, mensagens, poemas... livros os mais variados para a escolha de todo tipo de leitor; livros que estão entre os *best-sellers*, entre os mais vendidos em livrarias que comercializam literatura em geral!

Esta grande quantidade de obras, infelizmente, nem sempre apresenta a qualidade que as publicações consideradas espíritas deveriam assegurar.

Cuidado com as publicações

Aspectos importantes que deveriam ser minuciosamente analisados para a editoração de publicações têm sido esquecidos ou desconsiderados pelas principais pessoas envolvidas nesses trabalhos.

Desde a preparação dos originais à arte-finalização, impressão e acabamento das obras, há que se tomar rigorosos cuidados. Os autores e publicadores assumem a responsabilidade pelo bom ou mau produto que estão gerando.

Quanto ao conteúdo

O conteúdo de um candidato a livro, seja mediúnico ou resultado do trabalho de pesquisas por parte de estudiosos encarnados, deve ser exaustivamente revisado. Outras pessoas, além do médium ou do autor encarnado, serão encarregadas de analisar detalhadamente o que está sendo veiculado na publicação. É para isso que existem os chamados conselhos editoriais.

Idéias confusas, pensamentos truncados, frases mal-elaboradas, *meias-verdades*, citações incompletas, erros gramaticais e outros aspectos precisam ser corrigidos antes de a obra ir a lume. Depois será tarde.

É evidente que, por se tratar de realização humana, sempre haverá detalhes a serem retificados em futuras edições do livro. Mas isto não justifica o descuido dos responsáveis pela edição.

Quanto à forma

A apresentação de um livro deve ser feita com carinho e zelo pelos diagramadores, arte-finalistas, publicadores. É uma questão de paixão. Para quem não gosta e não sabe fazer, é melhor dedicar-se a outro ramo.

Da primeira à quarta capa[1], gramatura do papel, espaçamento entre linhas e entre palavras, tamanho da fonte, mancha e divisão dos tópicos, deve-se pensar em fazer algo para o conforto e satisfação de quem vai ler. Um livro de qualidade quanto à forma é adquirido pela capa. Chega a ser irresistível: você vê e compra.

Títulos que enganam

Há livros cujos títulos são chamativos, atraentes, mas enganadores...

Com um rápido compulsar da obra, percebe-se que o conteúdo não corresponde às expectativas motivadas pelo título. Não estamos defendendo a existência de títulos altamente significativos mas desinteressantes: seria contraproducente e contrário às técnicas de jornalismo e editoração.

Um livro também é vendido pelo título. Mas não basta uma embalagem de agradável aparência. É preciso que o conteúdo seja bom e condizente com a *chamada* do livro.

---

[1] *Várias editoras têm aproveitado a quarta capa para divulgação do próprio livro ou de outras publicações, por meio de resumos. Isto facilita ao leitor selecionar o livro de seu interesse.*

Pressa em publicar

Parece que tanto autores quanto editores ficam ansiosos em tornar conhecido o trabalho que têm em mão. A literatura espírita está sofrendo desse mal — a precipitação —, que necessita de ser curado em sua fonte. Os responsáveis pela editoração de livros espíritas precisam estar conscientes do trabalho que desenvolvem.

Observa-se que o livro espírita é cada vez mais bem-aceito pela sociedade. Isso é excelente, pois demonstra que o Espiritismo está chegando a outras mentes e corações.

O principal problema que o Movimento Espírita enfrenta na atualidade é, justamente, o da divulgação doutrinária.

Muitos estão se aproveitando e falando em nome do Espiritismo, publicando em nome da Doutrina. O interesse comercial às vezes supera o doutrinário. As editoras que publicam livros de baixa qualidade, quanto ao conteúdo e à forma, provavelmente não são espíritas, mas publicam livros ditos *espíritas*.

E por causa dessa pressa toda, dessa falta de cuidado, a qualidade fica comprometida, tanto no que se refere ao conteúdo quanto à forma de apresentação da obra.

Editoras criteriosas dificilmente publicarão obras ruins. É fato que determinadas editoras recusam muitos originais que lhes são remetidos para publicação. Quanto aos originais aproveitáveis, são submetidos a seguro exame no que se refere ao conteúdo que tais obras abordam e no que concerne à forma. Isto faz parte do trabalho sério.

Tal rigor deveria estar mais presente na editoração de publicações, pelo que constatamos na literatura à disposição do público.

Literatura mediúnica

É bom que se diga com clareza e honestidade que nem tudo o que é originado dos Espíritos é Espiritismo, pelo fato óbvio — mas nem sempre lembrado de que a desencarnação não torna sábios os Espíritos, mesmo que já possuam conhecimento da realidade espiritual.

Muitos adeptos da Doutrina Espírita acreditam, por falta de esclarecimento, que todos os chamados *ditados mediúnicos* devem ser incorporados ao acervo da Terceira Revelação como literatura espírita.

Quantos Espíritos dizem o que pensam livremente, como fruto de suas experiências, às vezes com boas intenções, mas cujos conceitos não resistem a uma análise mais profunda, fundamentada nos princípios básicos da Doutrina?

A proliferação de obras espíritas de conteúdo duvidoso e outras questões do mercado editorial espírita merecem uma reflexão do movimento.

O Espiritismo não é seita, nem tem rituais, não está vinculado a práticas ocultistas e esotéricas, embora, genericamente, se categorize como filosofia espiritualista.[2]

Há muita *gente boa* deixando-se enganar e, o que é pior, envolvendo a Doutrina em sistemas personalistas ou sectários que lhe descaracterizem a essência. No Movimento Espírita não devem existir facções.

A seleção do leitor

É preciso separar o joio do trigo, pois nem todos os leitores, principalmente os iniciantes nos conhecimentos doutrinários, sabem distinguir o que é ou não Espiritismo nesta farta literatura espalhada pelo Brasil e mundo afora.[3]

Não se pode cogitar de um *Index prohibitorium*, no Movimento Espírita. A Igreja já o fez, incorrendo em equívocos lamentáveis.

O Espiritismo é doutrina de liberdade, mas também de esclarecimento: "Conhecereis a Verdade e ela vos libertará", ensinou-nos Jesus.[4]

O melhor caminho para o conhecimento é o estudo.

Estudar Kardec

A leitura atenciosa e o estudo criterioso das obras básicas são premissas para a formação de uma sólida cultura doutrinária.

---

[2] *Cf. Item 1 da Introdução de* O Livro dos Espíritos.
[3] *Consultar o artigo de Luiz Signates "As Federações e as seleções literárias", publicado na* Revista Espírita Allan Kardec, *v. 8, nº 33, jan./mar. 1997.*
[4] *João, 8:32.*

Não estamos fazendo apologia da elitização do Espiritismo por uma classe culta, melhor preparada intelectualmente. Ressaltamos a importância e necessidade do estudo para o bom conhecimento da Doutrina. E isto independe da inteligência no tocante aos aspectos básicos, aos princípios fundamentais do Espiritismo.

Por isso, há que se começar pela base: as obras de Kardec. Inicialmente *O Livro dos Espíritos*, *O Livro dos Médiuns*, *O Evangelho Segundo o Espiritismo*, *O Céu e o Inferno*, *A Gênese*. Os livros *O que é o Espiritismo* e *Obras Póstumas* complementam esta formação cultural doutrinária.

O estudo pode ser enriquecido com os considerados clássicos do Espiritismo lançados no final do século passado e início deste, que a Federação Espírita Brasileira continua editando, como: Ernesto Bozzano, Gabriel Delanne, Camille Flammarion, Léon Denis e outros estudiosos que deixaram registrados seus trabalhos para consulta dos que os sucederiam, na condição de aprendizes da realidade espiritual que a vida descortina além-túmulo.

Em seguida, obras subsidiárias psicografadas por médiuns de assegurada idoneidade moral, como Francisco Cândido Xavier, Yvonne A. Pereira, Divaldo Pereira Franco, José Raul Teixeira e outros.

Obras de referência

A expressiva quantidade de títulos a que chegou a literatura espírita no Brasil continuará se expandindo. Quanto a isso, não se tenha dúvida.

É tendência inevitável que o Espiritismo seja cada vez mais difundido pelo mundo e a literatura continuará sendo poderoso instrumento de divulgação, a par com outros recursos tecnológicos que se popularizarão rapidamente.

Este vasto conteúdo doutrinário merece ser catalogado e posto à disposição de todos os interessados em conhecer e estudar mais profundamente a Doutrina.

É nesse contexto que se inserem as denominadas obras de referência. São catálogos, bibliografias, índices, dicionários, glossários, enciclopédias e outras publicações do gênero, que possibilitam ao leitor acessar informações sumárias ou encontrar a indicação de fontes para os assuntos de seu interesse. Obras que representam o primeiro passo para qualquer pesquisa. Por meio delas, chega-se às fontes primárias, conseguindo o acesso à informação completa.

As obras de referência começam a conquistar espaço na literatura espírita.[5] Mas é importante que ninguém se engane quanto ao objetivo

---

[5] *O livro* O Espiritismo de A a Z, *editado pela FEB, já alcançou a segunda edição.*

delas, que de forma alguma é substituir a leitura da fonte primária, como poderia parecer à primeira vista. Uma obra de referência facilita e otimiza o estudo e a realização de pesquisas pelo leitor.

Nenhuma obra de referência será, assim, completa. Geralmente, são compactações, resumos e indicações do texto integral contidos nos documentos referenciados.

Para a elaboração de uma obra dessa natureza, existem normas que as técnicas biblioteconômicas estabeleceram, visando a facilitar tanto o trabalho de sua preparação, como também o dos que irão utilizar-se dela.[6]

Ainda hoje, a maior parte das poucas obras de referência da literatura espírita tem sido resultado do esforço isolado de estudiosos e pesquisadores bem-intencionados, mas aos quais comumente faltou o conhecimento técnico que simplificaria o trabalho, tornando-o mais prático e acessível. De qualquer forma, os esforços desses estudiosos são louváveis e reconhecidamente úteis.

Direitos autorais

Este é um tema complexo e de extrema importância, que os autores e estudiosos devem procurar conhecer, principalmente nos dias atuais, em que o conhecimento humano e a disseminação de informações têm crescido rápida e quase que descontroladamente.

As relações entre os espíritas devem-se pautar pela ética e respeito que o Evangelho preconiza. Há livros espíritas que são cópias parciais de outros já publicados por diferentes editoras. Compilações, às vezes, realizadas às pressas e que, por isso, deixam a desejar, não acrescentando nada à literatura: toma-se uma mensagem ali, uma crônica acolá, redigem-se algumas páginas e pronto, tem-se um *novo livro* que não chega, na maioria dos casos, a cem páginas.

Seria mais indicado, salvo raras exceções, que tais trabalhos não resultassem em publicações. Isto significa não plantar o *joio*, por negligência de nossa parte, para depois ter que separá-lo do *trigo*.

Menos e melhor

Determinados livros atingem certos públicos que obras de conteúdo semelhante e forma de apresentação diferente não alcançariam. Em Biblioteconomia, filosoficamente equivaleria a dizer: "a cada livro, o seu leitor". Isto, porém, não invalida a necessidade de pugnar-se pela qualidade das publicações em todos os sentidos, mesmo que esta iniciativa resulte em redução da quantidade. É preferível produzir menos e melhor, do que mais e pior. Você não concorda, prezado leitor?

---

[6] *Ver orientações da Associação Brasileira de Normas Técnicas sobre o assunto.*

Editoração Espírita no Brasil: Alguns Subsídios

Geraldo Campetti Sobrinho

Um título novo está sendo lançado no mercado editorial espírita toda semana!

Você já parou para pensar: quantos títulos de periódicos e de livros possui a literatura espírita?

São mais de sessenta editoras, espíritas ou que publicam obras do gênero.

Se fôssemos fazer um levantamento geral da quantidade de títulos espíritas que atualmente está em circulação — o que denominamos *títulos correntes* — é possível que nosso registro ultrapasse a casa da centena para os periódicos (jornais, revistas, boletins, anuários, etc.) e a dos dois milhares para os livros.[1]

Diante dessa realidade irreversível, dois sentimentos opostos nos assaltam de imediato: um, de alegria, pela expressiva divulgação do Espiritismo, proporcionada por essas publicações; outro, de tristeza, pela má qualidade do conteúdo e da apresentação de boa parte dessa literatura.

---

[1] *Deixaremos a análise dos periódicos para outra oportunidade e nos concentraremos, neste momento, nos livros.*

Conteúdo

O que observamos quanto ao conteúdo é a existência de livros repetitivos, incompletos, confusos, antidoutrinários, de natureza polêmica, disponibilizados ao público, espiritista ou simpatizantes do Espiritismo, juntamente com outra literatura de excelente nível doutrinário.

Em nossa opinião, as editoras deveriam aplicar um maior rigor quanto ao conteúdo de suas publicações, principalmente no tocante aos princípios básicos estabelecidos na Codificação Kardequiana. Tais obras não devem discordar dos postulados por Allan Kardec e pelos Espíritos superiores. As obras que se enquadram nessa categoria não são espíritas. Os autores, publicadores e demais responsáveis pela edição deveriam separar o *joio do trigo* antes de a obra ir a lume. Esta atividade evitaria muita confusão e desentendimento quanto ao que de fato *é e não é Espiritismo*.

"As editoras deveriam aplicar um maior rigor quanto ao conteúdo de suas publicações, principalmente no tocante aos princípios básicos estabelecidos na Codificação Kardequiana".

Imaginemos a situação do indivíduo que ainda não teve oportunidade de conhecer a Doutrina Espírita, mas ouviu alguma coisa a respeito, ficou curioso e resolveu ir a uma livraria para adquirir um "livro espírita". Chegando lá, encontra grande variedade de títulos, o que é muito bom. Todavia, dentre os títulos expostos, há diversos cujos conteúdos não são "rigorosamente" espíritas. Esse simpatizante do Espiritismo poderá, em uma circunstância dessa, iniciar seu aprendizado da Doutrina Espírita de maneira inadequada, pois o contato inicial com as obras mediúnicas ou não, *ditas espíritas*, mas de conteúdo duvidoso, apresentará uma visão distorcida do que representa a Terceira Revelação.

Nesse caso, haveria necessidade de vendedores treinados, que conhecem bem o Espiritismo, a fim de orientar o leitor quanto à obra mais indicada ao iniciante.[2] Ocorre que tais livros estão disponíveis em livrarias que não são espíritas, que comercializam esse tipo de literatura porque "vende bem". O interesse nesse caso não é o da divulgação doutrinária, mas o comercial.

O problema poderá ser resolvido, então, com o rigor maior na elaboração da obra, desde a seleção e preparação dos originais até a revisão final de seu conteúdo, que não se limitará às correções ortográficas, gramaticais ou semânticas, mas também envolverá a preocupação quanto à fidelidade do conteúdo aos preceitos da Codificação Espírita.[3] Impossível? Não. Difícil, sim, pois é trabalhoso e leva tempo. Quando há pressa em publicar, como tem sido o caso, a qualidade fica comprometida. É preciso, então, repensar a editoração espírita no Brasil e avaliar o que estamos fazendo com esse enorme potencial de divulgação doutrinária.

Forma de apresentação

Quanto à apresentação, tanto nos aspectos estéticos quanto nos que se referem aos critérios técnicos de normalização editorial, percebemos quatro situações (normalização):

- livros de bom conteúdo com forma de apresentação ruim;
- livros de conteúdo ruim com boa apresentação;
- livros de conteúdo ruim com forma de apresentação ruim; e
- livros de bom conteúdo com boa forma de apresentação.

A quarta situação é a preferível. Infelizmente, são raros os casos em que podemos constatá-la.

---

[2] *Esta tarefa não é nada fácil, por uma série de razões: de um lado, o nível intelectual, faixa etária e interesse do leitor; de outro, a natureza e apresentação do conteúdo da obra. O ideal é iniciar pelo começo, isto é, pelas obras básicas. Assim, não se corre o risco de uma visão distorcida quanto aos conceitos espíritas.*

[3] *Para os que pretendem aperfeiçoar-se na técnica de escrever, cf. as boas sugestões de FRANZOLIM, Ivan René. Como escrever melhor e obter bons resultados: no relacionamento pessoal, no movimento espírita, no trabalho. 2. ed. rev. e atual. São Paulo: USE, 1996. 93 p.*

A forma de apresentação deve obedecer a critérios técnicos de documentação, sobretudo quanto às normas de editoração, visando ao estabelecimento de padrões mínimos de normalização que facilitem a rápida identificação e o mais fácil acesso aos assuntos tratados na obra.

Normas da ABNT sobre documentação

A Associação Brasileira de Normas Técnicas (ABNT) — órgão responsável pela normalização técnica no Brasil — publicou as seguintes normas brasileiras (NBRs) sobre documentação e que são de nosso interesse imediato em termos de editoração:
Referências bibliográficas (NBR 6023, 1990);
Numeração progressiva das seções de um documento (NBR 6024, 1993);
Sumário (NBR 6027, 1980);
Apresentação de livros (NBR 6029, 1988);
Preparação de índices de publicações (NBR 6034, 1989);
Apresentação de citações em documentos (NBR 10520, 1992);
Preparação de folha de rosto do livro (NBR 10524, 1993);
Título de lombada (NBR 12225, 1992); e
Apresentação de originais (NBR 12256, 1992).

Sumário e índice

A correta elaboração do sumário e do índice, duas partes comumente confundidas, mas que possuem funções e estruturas diferentes, é muito importante para a melhoria da qualidade de apresentação de uma obra.

O *sumário* é a "enumeração das principais divisões, seções e outras partes de um documento, na mesma ordem em que a matéria nele se sucede". O sumário deve figurar no início do livro, apresentando uma visão geral do conteúdo, conforme a estrutura seqüencial dos assuntos desenvolvidos no corpo da obra. Neste caso, a numeração progressiva das seções do documento é fundamental para a clareza da apresentação e rápida identificação dos assuntos nele tratados.

O *índice* é a "enumeração detalhada dos assuntos, nomes de pessoas, nomes geográficos, acontecimentos, etc., com a indicação de sua localização no texto". É uma lista que localiza e remete para as informações contidas em um texto. Daí a impropriedade da adjetivação *remissivo* que é de uso comum, logo após o termo índice. Registra-se, pois, *índice remissivo* de maneira pleonástica e equivocada. A palavra índice dispensa o complemento remissivo, pois todo índice, por sua própria definição, remete o leitor à parte específica do documento ou do texto que aborda o tema pesquisado. Adotar *índice alfabético remissivo* é pior ainda.

Certa vez, questionamos um professor da área de editoração sobre esse assunto. Ele ficou tecendo considerações explicativas durante cinco minutos, para, ao final, dizer que estávamos com a razão.

O índice é localizado no final da publicação e deve ser denominado simplesmente de índice, índice temático (de assuntos), onomástico (de nomes), geográfico (de locais), cronológico (de datas) de acordo com a natureza do índice. A NBR 6034 da ABNT, que trata da preparação de índice de publicações, classifica de *índice geral* quando se combinam duas ou mais categorias indicadas. Por exemplo: a apresentação de um índice de autor e de assunto é considerada como um índice geral, o que não significa necessariamente que ele terá esse nome. Pode-se optar pela denominação *índice temático e onomástico*, ou, *índice de assuntos e de nomes*, ou, *índice de nomes e de assuntos*, ou ainda, *índice geral*. O mais importante é que haja uma padronização da editora quanto à elaboração e denominação desses elementos técnicos que compõem a publicação e representam os mecanismos de comunicação da obra com o leitor.

Capa e quarta capa

Há trabalhos muito bons em termos de capa, que chegam a agradar aos olhos. Todos os livros deveriam ser assim. O livro também é um produto que será consumido pelo leitor, por meio de sua leitura, seja para fins de estudo e aprendizado, ou seja simplesmente pelo prazer de ler. Ninguém vai adquirir um produto de que não goste. As editoras que já fazem o trabalho de "embalagem" profissionalmente estão de parabéns. As outras poderiam seguir seu exemplo.

A utilização da chamada quarta capa, ou última capa do livro, para divulgação do conteúdo, informações sobre o autor, ou apresentação do resumo de outras obras, representa uma comodidade para o leitor, que facilmente obterá informações objetivas por meio da obra que tem em mão, dispensando o ato de abertura do livro ou o compulsar de suas páginas. Isso parece à primeira vista irrelevante. Todavia, pode influenciar na decisão do leitor quanto à aquisição ou não de um livro.

Esses cuidados com a apresentação encarecem a obra? Talvez muito menos do que se imagina. A variação de alguns centavos não será fator impeditivo para a aquisição da obra. O investimento na melhoria da qualidade vale a pena. O resultado compensa: um conteúdo bom doutrinariamente, com apresentação atraente.

Título da lombada

O título da publicação a ser estampado na lombada da obra, de acordo com a NBR 12225, deve ser horizontal ou vertical. A aposição horizontal é uma opção para o caso de livros muito volumosos, que permitam o título nessa posição, abreviadamente ou não.[4] O título de lombada vertical é "escrito longitudinalmente e legível do alto para o pé da lombada". Conhecido por título de lombada descente, esta forma permite a leitura do título quando o livro está colocado horizontalmente sobre uma mesa, ou qualquer outro objeto, com a face voltada para cima. Tente fazer a leitura de um título de lombada escrito de baixo para cima. Certamente, não lhe faltarão exemplos, pois grande parte das editoras ainda fazem o oposto do que é recomendado pela norma. Verifique o que acontece e, depois, fale-nos do resultado.

Geraldo Campetti Sobrinho é de Brasília/DF, casado, dois filhos, 36 anos, consultor em editoração eletrônica e normalização técnica a editoras no DF, Rio de Janeiro e Bahia; responsável pela implantação de projetos nas áreas de arquivo, biblioteca e museu da FEB; experiência em desenvolvimento de sistemas integrados de bibliotecas; mestrando em Ciência da Informação (Universidade de Brasília); Bacharelado em Biblioteconomia; coordenador do Projeto "Série Bibliográfica" da FEB; autor do livro *Biblioteca Espírita*; organizou o livro *Conversa Fraterna*; articulista da *Revista Reformador*. gcampetti@zipmail.com.br

---

[4] *A posição horizontal é raramente utilizada.*

Espiritismo e Parapsicologia: Fronteiras e Limites

Jáder dos Reis Sampaio

Espiritismo e a Ciência se completam reciprocamente; a Ciência, sem o Espiritismo, se acha na impossibilidade de explicar certos fenômenos só pelas leis da matéria; ao Espiritismo, sem a Ciência, faltariam apoio e comprovação. Allan Kardec.[1]

Introdução

O que é a Parapsicologia? Quais são as suas relações com o Espiritismo? O que afirma a Parapsicologia hoje sobre os fenômenos espíritas? Estas são algumas das questões tratadas neste trabalho.

O leitor encontrará quatro partes neste trabalho. Na primeira, apresentamos o conceito de ciência e algumas visões que se encontram em discussão no meio científico contemporâneo. Posteriormente, construímos uma trajetória histórica de alguns eventos que mostram a ligação entre o surgimento do Espiritismo, do Espiritualismo Moderno, da Metapsíquica, da Pesquisa Psíquica e, finalmente da Parapsicologia. A terceira parte focaliza a Parapsicologia, seu conceito, linhas de pesquisa

---
[1] *Kardec, 1995, p. 21*

e instituições universitárias dedicadas ao seu desenvolvimento nos dias de hoje. A última parte constitui-se de uma discussão sobre as especificidades atuais do Espiritismo e da Parapsicologia, suas fronteiras comuns e o interesse que o conhecimento produzido pela última poderia despertar nos espíritas.

Apesar de voltado para o público espírita, procuramos adotar uma posição terceira, especialmente no estudo histórico, buscando entender e distinguir as diferentes visões de espíritas e céticos. Da forma que entendemos ciência, sabemos que é humanamente impossível adotar uma posição totalmente neutra, mas esperamos que o leitor aprecie o nosso esforço para entender a construção do pensamento e as razões das duas partes.

Sobre a noção de Ciência

Antes de iniciarmos uma discussão sobre as relações entre o Espiritismo e a Parapsicologia, é necessário que tenhamos alguma clareza sobre os principais significados empregados para a palavra Ciência na atualidade.

Possivelmente o sentido mais difundido nos meios acadêmicos, seja o da ciência como uma forma de conhecimento desenvolvido a partir dos métodos empregados pelas ciências naturais (especialmente a Física) e debatidos pelas diferentes escolas do Empirismo. Trata-se de um tipo de conhecimento oriundo da observação de fenômenos, cujas relações estáveis são estabelecidas, constatadas e, se possível, estudadas experimentalmente e replicadas. Objetiva-se o estabelecimento de leis ou regularidades destes fenômenos e deseja-se obter relações matemáticas que quantifiquem as relações estudadas, sempre que possível. As teorias têm por objetivo a explicação dos fenômenos observados, sendo passíveis de crítica a partir de novos estudos cujos resultados venham a questionar os esquemas explicativos. Os depositários desta visão de ciência costumam criticar os que adotam outros modelos chamando-os de metafísicos, geralmente porque sustentam suas teorias em premissas (dogmáticos) ou porque as desenvolvem a partir do raciocínio dedutivo não-matemático.

Há críticos desta posição, como o conhecido físico Karl Popper, segundo o qual, originalmente, todas as teorias repousam em hipóteses que são especulativas, inexistindo a indução como origem dos princípios do conhecimento. Estas teorias são científicas por serem "falsificáveis", ou seja, porque ao serem formuladas apontam em que termos observacionais podem ser abandonadas. Nesta perspectiva não há teoria universalmente verdadeira, mas apenas teorias que têm resistido às tentativas de serem falsificadas e, por esta razão, têm sido aceitas pela comunidade científica.

Uma outra perspectiva foi desenvolvida por Thomas Kuhn, que analisou a noção de ciência enriquecendo-a por meio de uma perspectiva da sociologia do conhecimento. Segundo ele, um grupo de conhecimentos articulado e aceito por um conjunto significativo de cientistas de uma área chama-se paradigma, e este conjunto teórico-metodológico é constantemente questionado por conjuntos concorrentes. Os diálogos entre cientistas defensores de paradigmas concorrentes nem sempre é fácil, podendo estabelecer-se o que Assis (1993) denominou "diálogo de surdos". Essa idéia, que Kuhn teria desenvolvido a partir do debate entre os químicos do século XVIII, é muito ilustrativa da discussão estabelecida entre os autores que se propuseram a estudar os fenômenos parapsicológicos.

Esses ilustres pensadores de filosofia da ciência representam todo um movimento no meio científico que vem debatendo a idéia empirista, segundo a qual a ciência é construída a partir da observação de fatos. Esta discussão se dá até mesmo em disciplinas em que isto é tradicionalmente aceito, como é o caso das ciências naturais. A questão se amplia junto às ciências humanas e sociais, que têm por objeto de estudo o ser humano. Para explicar-se totalmente o ser humano, dentro da premissa empírico-formal de ciência, seria necessário que ele fosse um ser totalmente determinado, sem livre-arbítrio, possuidor apenas da ilusão de fazer escolhas em sua vida. Se for verdade que podemos explicar certos comportamentos e sentimentos humanos em função das influências que as pessoas sofrem do seu organismo biológico ou do seu meio socio-cultural, também é igualmente aceitável que pessoas oriundas de um mesmo grupo social ou de uma mesma família agem de forma singular. É também observável a capacidade de pessoas darem sentidos diferentes para o mesmo fenômeno que observam, ou seja, dizer-se que as pessoas são capazes de criar e recriar significados com que decodificam o mundo ao seu redor. Por essas razões, fica mais difícil obterem-se regularidades válidas para a pesquisa que possui o homem como objeto de estudos.

Em decorrência desta peculiaridade do homem, uma corrente de cientistas passou a valorizar métodos de pesquisa calcados na compreensão dos seus interlocutores e no estudo da singularidade de pessoas, organizações ou grupos sociais. Esta visão de ciência se filia à tradição da hermenêutica e da fenomenologia, que originalmente são escolas filosóficas.

Apesar deste esforço em se distinguir a aplicabilidade dos métodos científicos a partir das características dos objetos de estudo, existem cientistas que só aceitam a sua visão de ciência, seja empírico-formal, seja hermenêutico-fenomenológica, rejeitando as demais. Por esta razão, há grupos de pesquisa sobre um mesmo objeto com orientações totalmente diferentes e, ao redor destas tradições, formam-se organizações científicas diversas.

Quando se avalia o estado de uma ciência nos nossos dias, portanto, não basta observar se a teoria foi construída exclusivamente a partir de conhecimento não-dogmático. É necessário verificar sua aceitação pela comunidade científica (em sua heterogeneidade), sua inserção no meio acadêmico, sua veiculação em revistas de cunho científico, seu trânsito em grupos de diferentes localidades, sua trajetória histórica, além da sua consistência interna e da sua fundamentação. É a partir destas referências que pretendemos fazer uma pequena incursão na questão das relações entre a Parapsicologia e o Espiritismo.

A trajetória do conhecimento

Há inúmeros precursores do Espiritismo e da Parapsicologia. Buscando tecer uma linha histórica, esboçamos a figura 1:

Por termos feito um ensaio geral, e não um estudo exaustivo, selecionamos alguns dos principais movimentos que se acham articulados à história da Parapsicologia e do Espiritismo.

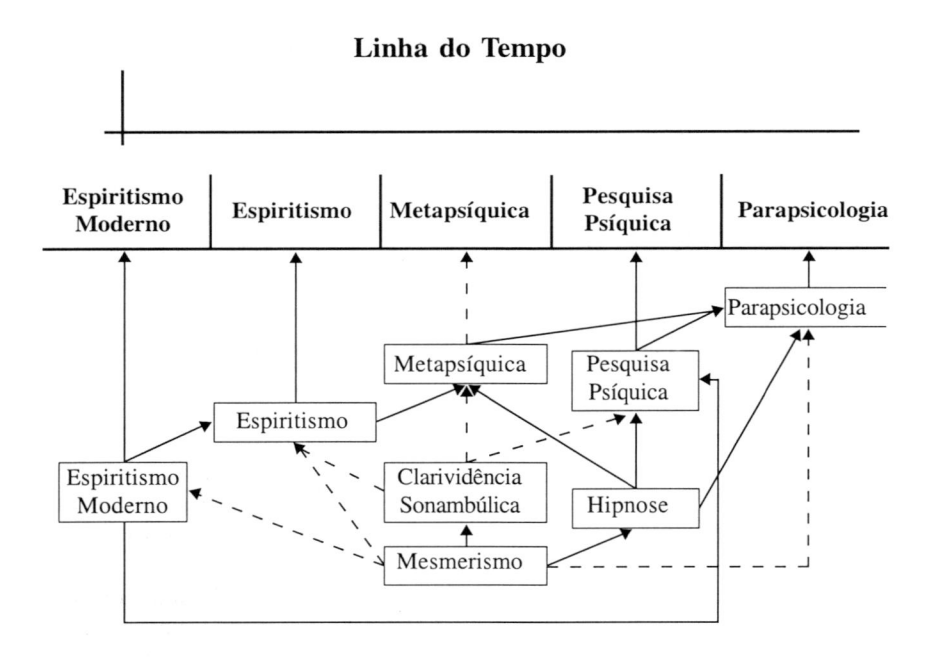

Linha do Tempo

O mesmerismo e seus desdobramentos imediatos

O mesmerismo[1] é um movimento que se desenvolveu a partir dos experimentos de Franz Anton Mesmer no último quarto do século XVIII. Mesmer estudava o magnetismo dos ímãs como possível agente terapêutico para diversas enfermidades, e após alguns experimentos, chegou à conclusão de que a melhora observada por alguns de seus pacientes não se devia aos magnetos, mas a uma força irradiada de seu próprio organismo a que ele denominou "magnetismo animal". A partir desse momento, Mesmer montou uma clínica que tinha como base o tratamento magnético e ganhou notoriedade em muitos países da Europa e no Novo Mundo.

Franz Anton Mesmer

Puysegùr, discípulo de Mesmer, durante uma magnetização, observou que um de seus pacientes entrava em estado sonambúlico e era capaz de ter percepções sem o uso dos sentidos. Este evento deu notoriedade à faculdade que ficou conhecida na França como clarividência sonambúlica, e que não se constituiu em uma organização ou em um corpo de doutrina, mas apenas destacou indivíduos que possuíam esta faculdade. Wallace relata em seu livro *The Scientific Aspect of Supernatural* alguns casos de clarividentes que passaram a viver de demonstrações públicas, outros que recebiam os amigos em sessões domiciliares e alguns raros que auxiliavam autoridades policiais na localização de fugitivos e no desvendamento de crimes.

Houve muita resistência por parte da academia na aceitação das teses de Mesmer, entretanto, os mesmos cientistas que se recusavam a aceitar a teoria do magnetismo animal observaram os diferentes efeitos que o tratamento de Mesmer tinha sobre as pessoas que o procuravam. Em meados de 1840, James Braid, médico inglês, cunhou uma teoria fisiológica para explicar os fenômenos mesméricos e denominou-os hipnotismo, empregando suas técnicas em processos cirúrgicos. Sob o novo nome e despido da teoria fluídica, o mesmerismo foi empregado por diversas disciplinas da área de saúde, entre elas a Medicina, a Odontologia e a Psicologia, tornando-se mais aceito pelo meio acadêmico.

---

[1] *O leitor pode encontrar um trabalho com mais fôlego sobre as relações entre o mesmerismo e o Espiritismo em* Doutrina Espírita, Cristianismo e História *(Associação Espírita Célia Xavier, 1996).*

O Espiritualismo Moderno

O Espiritualismo Moderno é o "nome de batismo" do movimento que se originou com a mediunidade de Andrew Jackson Davis e os desdobramentos dos fenômenos de Hydesville. Este movimento congregou diversos interessados em terras norte-americanas, que resolveram difundir o fenômeno e os estudos que dele se fizeram enviando médiuns para a Europa em 1852. A esta época, além dos livros de Davis, outras personalidades se destacaram como o Juiz Edmonds[2] e o professor universitário Robert Hare[3]. Edmonds foi um dos fundadores da primeira sociedade espiritualista regular nos Estados Unidos, em 1851[4] e, posteriormente, da chamada "Sociedade para a Difusão do Conhecimento Espiritualista", em 10 de junho de 1854.

Andrew Jackson Davis

Em 1848, Robert Owen já se havia convertido ao Espiritualismo na Inglaterra, após ter assistido a quatorze sessões com a médium chamada Mrs. Hayden. Nessa época, médiuns como Daniel D. Home já mostravam suas faculdades a grupos de interessados.

Na Inglaterra, formaram-se diversas instituições de espiritualistas e, posteriormente, periódicos de divulgação que se tornaram famosos como a revista *Light*, fundada pelo médium William Stainton Moses (1872) e a revista *Two Worlds*, fundada por Emma Hardinge Britten.

O movimento assumiu cunho religioso e, atualmente, possui diversas sociedades nos países de língua inglesa. A enciclopédia Encarta (1995) relata a existência de mais de 180.000 adeptos nos Estados Unidos da América distribuídos por mais de 400 sociedades no início dos anos de 1980.

Robert Owen

---

[2] *Em 1853 ele publicou em Nova York um livro intitulado* Spiritualism *em co-autoria com George Dexter.*

[3] *Em 1855 ele publicou em Nova York o livro* Experimental Investigation of the Spirit Manifestations.

[4] *Segundo Wallace (1975, p. 155).*

O Espiritualismo Moderno foi apresentado ao Prof. Rivail, antes da publicação de sua obra espírita. Uma das evidências a favor desta idéia é a discussão que Kardec fez na introdução de *O Livro dos Espíritos*, propondo o termo Espiritismo para substituir a Espiritualismo.

O movimento espiritualista atraiu o interesse de diversos cientistas ingleses e norte-americanos, uma vez que deles era exigida uma explicação para os fenômenos produzidos pelos médiuns, que pareciam desafiar as leis da natureza. Naquela época havia cientistas que se identificavam com o movimento espiritualista e que realizaram pesquisas (como é o caso de Alfred Russel Wallace) e, cientistas que a princípio acreditavam tratar-se de algum tipo de fraude (como é o caso de William Crookes).

William Stainton Moses

A pesquisa psíquica

A defesa de Crookes da realidade dos fenômenos em seu conhecido relatório "Investigações Experimentais de uma Nova Força", publicado em 1871, após mais de dois anos de pesquisa em laboratório, polarizou as opiniões dos principais cientistas ingleses. Um grupo de cientistas de renome[5], em conferência organizada por William Barret, decidiu fundar a *Society for Psychical Research* (Sociedade para a Pesquisa Psíquica) em 1882, e que continua ativa até os dias de hoje.

Passados três anos, formou-se uma *American Society for Psychical Research* em Boston, nos Estados Unidos, com membros igualmente distintos e linhas de pesquisa ativas.

A Pesquisa Psíquica iniciou seus trabalhos com a missão de "investigar o grande grupo de fenômenos discutíveis designados por termos tais como mesméricos, psíquicos e espíritas", fazendo-o "sem preconceito ou imposição de qualquer tipo, e no mesmo espírito da pesquisa exata e desapaixonada que permitiu à ciência resolver tantos problemas,

---

[5] *Henry Sigdwick, Edmund Gurney e Frederic Myers, que atraíram a seguir Sir William Crookes, Sir John Joseph Thomson, Sir Oliver Lodge, Sir William Barrett e os dois Lords Rayleigh, Henri Bergson, Ferdinand Schiller, Hans Driesch, William James, William McDougall, Sigmund Freud, Carl G. Jung e Gardner Murphy, entre muitos outros. (GAULD, 1995. p. 10).*

outrora não menos obscuros nem menos acaloradamente debatidos".[6] Basicamente, preocupavam-se com a pesquisa de fenômenos ligados ao Mesmerismo e Espiritismo, curas paranormais, clarividência, transmissão de pensamento e precognição, mediunidade mental e física, aparições e assombrações.

Alguns dos trabalhos dos membros dessas Sociedades ficaram muito conhecidos. O Dr. Hodgson (ASPR), após fazer um estudo no qual denunciou as fraudes da Madame Blavatsky, pesquisou a Sra. Piper e apresentou inúmeras evidências de suas faculdades. Carrington (SPR) estudou "poltergeists". Gurney, Myers e Podmore publicaram "Os fantasmas dos vivos". Stevenson[7] (ASPR) fez um amplo estudo sobre reencarnação, verificando memórias espontâneas em crianças. Publicaram-se mais de 50 trabalhos sobre os fenômenos de correspondência cruzada, obtidos por meio das faculdades de Leonore Piper, da Sra. Verrall, Helen Salter, da Sra. Willet e da Sra. Holland. Nestes fenômenos, os já falecidos Myers, Sidgwick e Gurney transmitiam mensagens obscuras e disfarçadas nas quais apareciam frases semelhantes ou interconectadas, que se complementavam umas às outras (correspondência cruzada simples), ou em que os tópicos desenvolvidos não eram mencionados diretamente, mas de forma "indireta e alusiva" (correspondência cruzada complexa. Uma terceira forma de correspondência cruzada era de mensagens escritas por dois médiuns independentes, aparentemente sem sentido, compreendidas a partir de uma "chave" obtida por um terceiro médium (correspondência cruzada ideal)[8].

Myers

Leonore Piper

Recentemente, a editora Pensamento publicou, em língua portu-

---

[6] *GAULD, 1995, p. 14.*
[7] *Publicado inicialmente em 1966.*
[8] *Para uma leitura introdutória deste assunto, verificar GAULD, 1995. p. 84-95.*
[9] *Mediunidade e sobrevivência, do Dr. Alan Gauld;* Fantasmas e Aparições, *de Andrew Mackenzie e* Experiências Fora do Corpo, *de Susan Blackmore.*

guesa, três livros⁹ de pesquisadores contemporâneos dessa instituição.

A SPR tem sido bastante produtiva, desde sua fundação: publica revistas, livros e atas dos trabalhos de pesquisa; oferece cursos, promove congressos e articula a produção de conhecimento nesta área com outros grupos de reputação e com núcleos de pesquisa baseados em universidades. A ASPR, que funciona atualmente em Nova York, realiza quase todas as atividades de sua irmã inglesa.

Dentro da SPR parece ter havido um embate entre a ala dos "espiritualistas" e a dos "céticos", o qual é referido nas entrelinhas de alguns dos livros que estudamos. Atualmente, alguns escritores acusam os membros da sociedade de serem céticos. Entretanto, há nítida diferença de grau entre o ceticismo deles e o de autores como Robert Amadou (1966), muito debatido pelos intelectuais espíritas brasileiros que se interessaram pelo estudo da Metapsíquica e da Parapsicologia no meado do século XX.

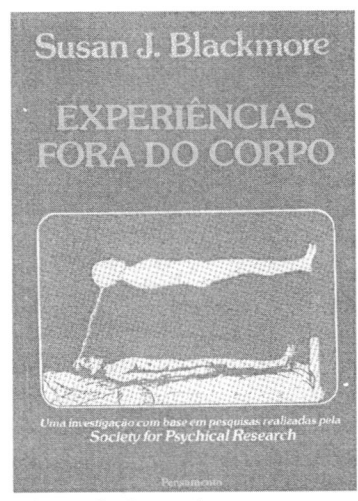

Capa do Livro de Susan Blackmore.

A expressão "Pesquisa Psíquica", embora sobrevivente, aos poucos, tem sido substituída pelo termo Parapsicologia. Os pesquisadores daquelas sociedades parecem trabalhar em rede com os pesquisadores do movimento que adotou a palavra Parapsicologia, não se importando com a defesa de um ou de outro termo.

Espiritismo e Metapsíquica

Espiritismo é um termo criado por Allan Kardec na publicação de *O Livro dos Espíritos*, em 1857, que gerou um movimento de trajetória própria. O trabalho e a obra kardequianas são bem conhecidos pelo público leitor deste artigo e dispensam um comentário maior. Além dos livros e da *Revista Espírita*, publicada mensalmente e sem interrupções até o seu falecimento (1869), Kardec desenvolveu um trabalho de comunicação entre os grupos espíritas franceses, que consolidou o movimento espírita em seu país.

Não encontramos estatísticas seguras sobre o número de franceses espíritas em sua época, mas o próprio Codificador fez uma estimativa do perfil do movimento, a partir de uma base de dez mil dados, como se pode ler no exemplar de janeiro de 1869 da *Revue*. Os que se referem ao movimento espírita, nas décadas da Codificação, chegam a advogar a existência de milhões de espíritas em todo o mundo.

O trabalho científico do Codificador, no seu sentido indutivo, restringe-se à constatação de que havia inteligências incorpóreas por detrás dos fenômenos por ele observados, como as mesas girantes e as psicografias; e à descrição minuciosa do fenômeno mediúnico, como se vê claramente em O Livro dos Médiuns. Grande parte do trabalho de Kardec com os espíritos diz respeito à interlocução estabelecida com eles, avaliando o conteúdo das comunicações, com o emprego da lógica e verificando a consistência entre comunicações, oriundas de médiuns e espíritos diferentes. Neste ponto, o trabalho kardequiano é, ao mesmo tempo, o de um filósofo que leva questões diversas para serem discutidas e analisa criticamente as informações que lhe são dadas. Nessas discussões, Kardec desenvolve considerações metafísicas e éticas, tratando de forma racional de questões como Deus, o mundo espiritual, a origem e o destino do homem.

Delanne

Uma das conclusões a que chega o Codificador, em diálogo com os espíritos, relaciona-se à importância do pensamento cristão para a reflexão ética sobre o homem. O desenvolvimento desses temas, mesmo considerando o emprego dos instrumentos da filosofia, transcende o campo da chamada filosofia moral, e constitui uma metafísica teológica, ou uma religião. Por esta razão, faz sentido referir-se ao Espiritismo codificado por Kardec como sendo uma ciência, uma filosofia e uma religião, uma doutrina que associa conhecimentos fundamentados na observação de fenômenos objetivos com conhecimentos desenvolvidos a partir da razão a conhecimentos originalmente baseados em informações dos espíritos, sustentadas, posteriormente, com o auxílio dos recursos da Filosofia. Ela contém uma proposta ética calcada no pensamento cristão e na leitura analítica dos Evangelhos.

Os principais continuadores do trabalho de Kardec notaram a necessidade de se realizarem pesquisas com o objetivo de verificarem algumas das idéias propostas por Kardec e que se sustentavam no diálo-

Léon Denis

go com o invisível. Flammarion e Delanne dedicaram parte de seu trabalho a este tipo de pesquisa. O primeiro desenvolveu um projeto no qual o conhecimento proposto seria exclusivamente baseado em fatos observados. Seguindo esta linha, ele publicou diversos trabalhos, sob a forma de livros, de artigos em periódicos voltados ao grande público ou a partir de debates empreendidos com os contraditores do pensamento espírita. Obras como *O Desconhecido e os Problemas Psíquicos*, *As Casas Mal Assombradas* e *A Morte e o seu Mistério* refletem a busca do estudo dos fenômenos espirituais a partir dos cânones do pensamento científico. Delanne publicou *O Espiritismo Perante a Ciência*, *Pesquisas sobre a Mediunidade*[10] e *As Aparições Materializadas dos Vivos e dos Mortos*[11], também perseguindo a proposta científica, e apresentou uma extensa casuística na defesa da tese reencarnacionista em *A Reencarnação*.

Esses dois autores e Léon Denis ampliaram a comunicação com o meio acadêmico e seus trabalhos levaram pesquisadores, como o Prêmio Nobel Charles Richet, a realizarem estudos nesse campo. Assim como na Inglaterra, os interessados divergiam quanto às conclusões sobre os fenômenos estudados e o método experimental foi impotente para evitar uma certa polarização dos pesquisadores entre céticos e espiritualistas, com graus variados.

O movimento espírita continuou a sua trajetória e, como bem sabemos, seus adeptos contam-se às dezenas de milhões, na atualidade. E muito se desenvolveu no Brasil, existindo ainda núcleos espíritas em Portugal, Espanha, França, Estados Unidos, Japão e diversos países da América Latina.

Ainda na França, próximo à mudança de século, surgiu a Metapsíquica. Ela é uma tentativa de se realizar uma pesquisa em bases exclusivamente científicas[12] sobre os fenômenos espirituais. Embora seu primeiro grande expoente seja Charles Richet, prêmio Nobel de Medicina, ela contou com os espíritas em sua criação e desenvolvimento.

Jean Meyer

---

[10] *Ainda não publicado em língua portuguesa.*
[11] *Idem.*
[12] *Se entendermos ciência como o faziam os empiristas inducionistas.*

Richet propôs a adoção do nome Metapsíquica para a "ciência que tem por objeto os fenômenos, mecânicos ou psicológicos, devidos a forças que parecem ser inteligentes ou a potências desconhecidas, latentes na inteligência humana"[13]. Sua primeira tentativa de congregar e divulgar os trabalhos realizados por diferentes pesquisadores se deu com o lançamento da revista *Annales des Sciences Psichiques*. Ele esforçou-se por apresentar a Metapsíquica de forma compreensiva. E o fez em seus livros *Tratado de Metapsíquica* (1922) e *O Sexto Sentido* (1928). Além disso, desenvolveu uma nomenclatura própria e alguns de seus conceitos, ainda hoje, são empregados.

Gustave Geley   Camille Flammarion   Rudi Schneider

Um segundo momento importante na trajetória da Metapsíquica ocorreu em 1919, graças ao industrial espírita, Jean Meyer. Após ter fundado a *Maison des Spirites* na França, forneceu os recursos necessários à criação de um laboratório de ciências psíquicas, com o intuito de divulgar o pensamento espírita e a obra de Kardec. Este empreendimento tornou-se o Instituto Metapsíquico Internacional.

Sua primeira equipe contava com Rocco Santoliquido e Gustave Geley. Ele convidou Eugène Osty para ser um dos diretores da instituição, que aceitou a oferta salvaguardando-se da possibilidade de os fenômenos espíritas não serem confirmados pelas pesquisas. Meyer disse que estava disposto a correr o risco e lhe bastava que Osty fosse sincero em seu trabalho. O Instituto contou com a participação de pesquisadores conhecidos, como Camille Flammarion, Charles Richet e o filósofo Gabriel Marcel.

O Instituto publica a *Revista Metapsíquica* desde outubro de 1920. E, entre seus trabalhos, destacam-se os experimentos de materialização

[13] RICHET, 1940, p. 22.

realizados por Geley com o médium Franek Kluski, os trabalhos de Osty com o médium Rudi Schneider e suas publicações sobre a metagnomia[14], as pesquisas de René Warcollier sobre telepatia.

Após a morte de Warcollier em 1962, o Instituto ganhou nova orientação: deixou de ser um instituto de pesquisas para tornar-se um órgão de "coordenação para os experimentos e trabalhos efetuados seja em sua sede, seja em outros lugares". Foram criadas treze comissões de pesquisa. Suas publicações, na década de 1970, já mostravam uma clara influência dos trabalhos e terminologia da Parapsicologia, apesar de haver frentes de pesquisa autônomas, como as pesquisas experimentais sobre a visão dermo-ótica.

Apesar de funcionar até os dias de hoje, o Instituto enfrentou dificuldades financeiras e chegou a interromper a publicação da revista nos anos 80.

A manutenção do termo Metapsíquica é apenas uma homenagem aos fundadores do Instituto. O termo Parapsicologia se impôs ao campo de pesquisas, assim como a sua terminologia, como veremos a seguir.

O surgimento da Parapsicologia

Neste ponto desta rápida visão histórica, já constatamos como a pesquisa originada no seio do movimento espírita na Europa Latina influenciou o nascimento e a constituição da Metapsíquica, ao mesmo tempo que os trabalhos de pesquisadores espiritualistas participaram do nascimento das Ciências Psíquicas nos países anglo-saxões. Não se deve, entretanto, diminuir o papel dos céticos e dos materialistas no nascimento deste campo de pesquisas, aparentemente dividido por estas duas novas designações[15]. Na verdade, utilizaram-se os métodos científicos como uma espécie de "regras do jogo" para um embate entre céticos e espiritualistas, de uma forma geral. Os cientistas espiritualistas apoiavam-se no estudo de fenômenos mediúnicos para defender a sobrevivência da alma; enquanto os céticos denunciavam fraudes e multiplicavam hipóteses de trabalho mentalistas e biologicistas para dar explicações alternativas aos fenômenos apresentados pelos espiritualistas. Nenhuma das duas facções parece disposta a ceder em seus "pressupostos não-enunciados".[16]

---

[14] *O Prof. Richet usa o termo metagnomia para o conhecimento adquirido sem o concurso dos cinco sentidos.*

[15] *Referimo-nos à Ciência ou Pesquisa Psíquica e à Metapsíquica.*

[16] *Um dos autores que parece ter percebido isto foi Karl Popper. Em seu livro* A Lógica da Pesquisa Científica *ele reformula o critério da verificabilidade pelo critério da falsificabilidade, ou seja, cabe ao pesquisador enunciar em que termos ele estaria disposto a abandonar as suas hipóteses, sem o que não se estaria fazendo ciência.*

Dr. Joseph Banks Rhine

Por detrás da pesquisa encontram-se também interesses institucionais. Curiosamente, encontramos muitos pesquisadores céticos oriundos da Igreja Católica, como Robert Amadou. Ao reafirmar a neutralidade da ciência e os cânones do positivismo, Amadou fez um trabalho de crítica negativa. Voltou seu foco para as fraudes, os equívocos de pesquisadores, os descuidos na verificação da realidade dos fenômenos e a produção de truques que simulariam os fenômenos observados, a fim de justificar o abandono de importantes pesquisadores e suas contribuições. Com isso, quase se circunscreveu à telepatia e à hiperestesia[17] como capazes de explicar os poucos fenômenos que ele não descartou.

Por detrás de uma aura de rigor, esse e outros pesquisadores, na verdade, não se aperceberam das injustiças que cometeram ao abandonar trabalhos como os de Crookes e Wallace, sem ao menos lhes conceder o "benefício da dúvida". Simplesmente, basearam-se em questões duvidosas aos seus trabalhos para afirmar a inexistência dos fenômenos.[18] Do outro lado, alguns pesquisadores, simpatizantes do Espiritualismo, têm abusado da confiança em seus pressupostos, como no caso da atribuição da existência de influência espiritual nas fotografias elétricas de Semion Kirlian e colaboradores. Muitas vezes, negando-se a ouvir as críticas de pesquisadores menos envolvidos nesse debate "subterrâneo".

Nesse clima de dúvida, gerado pela pesquisa qualitativa de pessoas supostamente bem dotadas das faculdades em questão, surgiu a Parapsicologia. O termo Parapsicologia foi adotado a partir da palavra alemã "parapsychologie", mas o entendimento dele foi muito influenciado pelos trabalhos do Dr. Joseph Banks Rhine e colaboradores, da Universidade de Duke. Rhine era um jovem cientista dirigido pelo psicólogo norte-americano William McDougall, quando iniciou suas pesquisas, procurando desenvolver trabalhos que satisfizessem a um público propriamente cético.

---

[17] *Capacidade de percepção consciente ou inconsciente de pequenos sinais geralmente não observados pela maioria das pessoas presentes e de recordações quase subliminares.*

[18] *Uma obra que aponta isto de forma muito clara, embora extremamente sarcástica, é o livro* Hipóteses em Parapsicologia *do conhecido Carlos Imbassahy.*

Rhine partiu do impasse que existia entre a existência ou não dos diferentes fenômenos psíquicos pesquisados até então, e decidiu fazer três escolhas teórico-metodológicas. A primeira foi realizar pesquisas com pessoas comuns, procurando identificar se existiam, pelo menos, alguns traços ou rudimentos dos fenômenos alegados. A segunda foi restringir a pesquisa a apenas alguns dos fenômenos que se afirmava existirem; abrindo mão da pesquisa em campos claramente polêmicos, como o da sobrevivência da alma. A terceira foi a tentativa de adotar uma terminologia "neutra" sem implicações com as teorias que se encontravam em impasse.

Estas escolhas "restringiram" o campo de ação da recém-recriada Parapsicologia, mas tiveram por mérito atrair a atenção de um número maior de cientistas e pensadores para o fenômeno recém-denominado como Y (PSI).

Como boa parte dos leitores já deve saber, Rhine trabalhou com cartas Zenner para empregar o método experimental na identificação de faculdades como a clarividência e a telepatia. O baralho Zenner é composto de vinte cinco cartas, agrupadas em cinco diferentes símbolos simples (círculo, quadrado, estrela, ondas e o sinal de "mais" da adição). O arranjo básico (que seria posteriormente modificado de diversas formas, em resposta às dúvidas e críticas que surgiam) consistia em um pesquisador embaralhar as cartas e ir virando-as diante de um anteparo existente entre ele e o sujeito, que impedia o último de vê-las. O pesquisador aguardava que o sujeito lhe dissesse que carta havia virado e anotava em um gabarito. Depois verificava o percentual de respostas certas e aplicava-lhe um teste estatístico para saber a probabilidade deste número de acertos ter-se dado ao acaso. As séries se repetiam diversas vezes, no intuito de identificar sujeitos cujas possibilidades de acerto ao acaso fossem sistematicamente baixas. Este tipo de fenômeno foi denominado como Percepção Extra-Sensorial (PES ou ESP[19]).

Capa da edição brasileira do livro de Rhine.

Rhine distinguiu a telepatia da clarividência alegando ter base, a primeira, no acesso a uma informação disponível na mente do pesquisador ou de outra pessoa, enquanto que a segunda envolveria o acesso a

---

[19] *Do inglês: Extra Sensorial Perception.*

algum objeto não percebido pelo pesquisador ou outra mente sem o emprego dos cinco sentidos ou de algum truque (no caso das cartas Zenner, refere-se a cartas que irão ser abertas pelo pesquisador, mas que ele ainda não viu). Posteriormente, observou-se que em alguns dos experimentos era difícil distinguir claramente uma categoria da outra (o sujeito está percebendo a "mente" do pesquisador ou a carta que acabou de ser virada?). Neste caso passou-se a adotar o termo percepção extra-sensorial generalizada (PESG ou GESP[20])[21].

Além da PES, Rhine desenvolveu estudos sobre a precognição (possibilidade de previsão de eventos futuros) e sobre a psicocinese (a capacidade de influenciar movimentos físicos de objetos sem o emprego de qualquer força conhecida). Estes estudos, igualmente, empregaram metodologia experimental e probabilística, sendo que a segunda faculdade foi estudada por meio do lançamento sucessivo de dados.

Rhine escreveu três livros que sintetizam os seus trabalhos: *Extra Sensorial Perception* (1934), *The Reach of the Mind* (1947) e *Parapsychology, Frontier Science of the Mind* (1957). Em 1965, Rhine aposentou-se, afastando-se do Laboratório da Universidade de Duke e criou a Fundação para a Pesquisa da Natureza Humana, hoje denominada *Rhine Research Center*.

Conceito e linhas de pesquisa

Um dos temas, ainda polêmicos, diz respeito à delimitação das linhas de pesquisa em Parapsicologia e à ausência de clareza sobre que assuntos pertencem ou não pertencem ao seu campo de estudos.

Rush (1986) considera a Parapsicologia como uma espécie de incursão às fronteiras inexploradas da Psicologia, incluindo aí a Física e a Biologia. Ele soma fileiras com os que acreditam que a questão da sobrevivência teria perdido a importância devido às "dificuldades lógicas, metodológicas e à mudança de atitudes culturais. Entretanto, parece não falar por alguns de seus colegas, que continuam propondo a imortalidade como uma das linhas de pesquisa existentes e produzindo livros e artigos[22]. Ele entende que processos divinatórios, com regras descritas, não fariam parte do campo da Parapsicologia e que as fotografias Kirlian não justificaram sua inclusão neste campo, apesar da sua utilidade em diagnóstico médico.

Este é um dos problemas que se origina na própria definição de Parapsicologia, pois foi definida empregando-se uma referência (a Psi-

---

[20] *Do inglês: General Extra Sensorial Perception.*
[21] *Cf. RUSH, 1996.*
[22] *O já citado livro de GAULD (1995) é um dos exemplos.*

cologia) e uma "aproximação negativa" (o prefixo *para*). O termo, em sua acepção etimológica, significa "aquilo que está ao lado da Psicologia", referindo-se a fenômenos que não são estudados ou não são reconhecidos como psicológicos mas que, se melhor entendidos, podem vir a fazer parte dela. De certa forma, a Parapsicologia tem sido definida como "aquilo que não é" ou "aquilo que ainda não é", quando deveria ter sido definida como o estudo de alguma coisa.

Wiesner e Thouless propuseram o emprego do termo Y (PSI) para designar o objeto de estudo da Parapsicologia. Entretanto, mesmo sendo um termo neutro, sem vínculo apriorístico com uma teoria explicativa, continua sendo do arbítrio dos parapsicólogos definir o que é considerado PSI e o que não é.

De uma forma geral, aceita-se a divisão de Y em ESP[23] (ou PSI receptivo, como se vê nos escritos do IMI) e PK[24] (ou PSI projetivo). Os fenômenos de telepatia, clarividência e psicocinese têm sido aceitos pela quase totalidade dos pesquisadores desta área como objetos legítimos de estudo da Parapsicologia, embora alguns céticos ainda considerem que as evidências a favor da sua existência são questionáveis.

A inclusão de outros temas como, por exemplo, a transcomunicação instrumental ou a sobrevivência após a morte, é aceita por alguns e considerada inaceitável por outros.

Isso tem ampliado o papel dos parapsicólogos, enquanto grupo de pesquisadores, na escolha de determinados temas e fenômenos do seu campo de estudo, deslocando o debate de uma arena teórico-metodológica para uma arena cujas regras são ditadas pela sociologia do conhecimento. A agenda da Parapsicologia permanece, portanto, muito influenciada pelo arbítrio dos agentes que são reconhecidos como parapsicólogos por seus pares.

A polêmica sobre o objeto de estudo se multiplica no campo teórico, havendo uma multiplicidade de teorias concorrentes disputando o reconhecimento da comunidade de pesquisadores na explicação dos fenômenos descritos.

O que fizemos, portanto, foi buscar informações em alguns sites de instituições prestigiadas no meio parapsicológico e em obras introdutórias, apontando os temas que seus autores reconhecem como pertencendo ao seu campo de estudos.

---

[23] *Do inglês: Percepção extra-sensorial.*
[24] *Psicocinese.*

Temas/Organizações[25]	ASPR[26]	IMI[27]	KPU[28]
Aparições	✓	✓	
Biopsicocinese (Bio-PK)		✓	✓
Cirurgia Psíquica (Psychic Surgery)			✓
Cura Psíquica (Psychic Healing)	✓		✓
Estados Alterados de Consciência	✓		
Experiências de Quase-Morte (NDE)	✓	✓	
Esperiências Fora do Corpo (OBE)	✓	✓	
Ganzfeld		✓	✓
Interação Mental Direta com Sistemas Vivos (DMILS)			✓
Mediunidade (*Trance Channeling* ou *Mediumschip*)	✓	✓	
PES (Telepatia e Clarividência)	✓	✓	✓
PK (Psicocinese)	✓	✓	✓
Poltergeists	✓	✓	✓
Precognição	✓	✓	✓
PSI Corporal			✓
Reencarnação	✓	✓	
Sobrevivência após a Morte	✓	✓	
Sonhos	✓		
Transcomunicação Instrumental (TCI)		✓	
Visão a Distância (VR), Clarividência ou Cognição Anômala		✓	✓

A pesquisa parapsicológica em universidades

Afirmamos que um dos critérios importantes para o reconhecimento de uma linha de pesquisas como ramo da ciência repousa na sua inserção no mundo acadêmico e em suas instituições. É correto pensar que apenas este quesito não assegura o reconhecimento de uma certa linha de estudos como científica. Um bom conhecedor de História da Ciência vai recordar-se e citar inúmeras situações de disciplinas, cien-

---
[25] Se algum destes conceitos lhe for estranho, consulte o vocabulário no anexo 1.
[26] American Society for Psychical Research.
[27] Institut Metapsychique International.
[28] Koesther Parapsychology Unit.

Experiências de telepatia com as cartas zenner.

tistas, fenômenos e teses que foram recusados em uma determinada época e passaram a ser aceitos em épocas posteriores e vice-versa. Os trabalhos de Kuhn e Bachelard ficaram extremamente conhecidos no meio dos filósofos da ciência por discutirem as "mudanças de paradigmas" e as "rupturas epistemológicas". Mas seria ingênuo crer que a ciência humana é um conjunto de conhecimentos demarcados apenas pela lógica ou pela metodologia, imune às crenças dos homens que a concebem. Por esta razão, cada vez mais cientistas têm apresentado suas crenças de base ou fundamentação teórica ao comunicarem suas descobertas.

Para se avaliar uma ciência, estamos observando o prestígio que um determinado conjunto de conhecimentos possui diante do meio científico. E neste meio, arriscaríamos dizer: a Parapsicologia ainda é uma disciplina em busca de aprovação. Os parapsicólogos reconhecidos no meio acadêmico aceitam esta realidade.

No final dos anos 60, a *Parapsychological Association* foi aceita como membro da *American Society for Advancement of Science*, mas as principais linhas de pesquisa são financiadas por fundos doados por particulares interessados nesta área e não existe ainda um curso de graduação na área ou equivalente reconhecido como tal. Existem cursos de pós-graduação que qualificam pesquisadores em Parapsicologia, geralmente ligados a programas de pós-graduação em Psicologia.

Apresentamos uma lista de algumas universidades que abrigam linhas de pesquisa sobre o tema e nos furtamos de apresentar as sociedades extra-acadêmicas que se voltam à pesquisa e à divulgação da Parapsicologia. Em meio a associações sérias, encontram-se muitas sociedades que, à primeira vista, parecem mais interessadas em vender produtos e serviços que em divulgar os resultados de suas pesquisas e trabalhos. Esta listagem não é exaustiva, mas uma espécie de rede de contatos qualificados de pesquisadores em Parapsicologia.

Universidade de Amsterdã (Holanda)

Oferece um curso de Parapsicologia, na Faculdade de Psicologia, com linhas específicas de pesquisa (Fontes: IMI, SPR, KPU).

Universidade Católica de Lyon (França)

"Ciências, Sociedade e os Fenômenos Considerados Paranormais" (Fonte: IMI).

Universidade de Edimburgo (Escócia)

Mantém a "Unidade de Parapsicologia Koestler" (KPU), e oferece uma disciplina de Parapsicologia em seu Departamento de Psicologia. Mantém um laboratório de pesquisas ativo, com 12 pesquisadores e publica o *European Journal of Parapsychology*. (Fontes: IMI, SPR, KPU).

Universidade de Freiburg (Alemanha)

Possui o Institut für Grenzgebiete der Psychologie und Psychohygiene, mantido pela Fundação Fanny-Moser-Stiftung, com 40 pesquisadores e uma biblioteca com 30.000 livros. Mantém as disciplinas (Chaire) "Zonas Fronteiriças da Psicologia" e a de "Parapsicologia" (Fontes: IMI, SPR, KPU).

Universidade de Herefordshire (Inglaterra)

Possui a Unidade de Pesquisa Perrot-Warrick, no Departamento de Psicologia (Fontes: IMI, SPR, KPU).

Universidade de Nevada (Estados Unidos)

Possui o Laboratório de Pesquisas sobre a Consciência, para o estudo de PSI e das relações espírito-matéria. Esta universidade oferece, desde 1977, um curso de Parapsicologia que ainda não está oficialmente reconhecido (Fonte: IMI, PA).

Universidade de Viena (Áustria)

Possui a Sociedade Austríaca de Parapsicologia que funciona no Instituto de Etnologia, Cultura e Antropologia Social. A Sociedade foi fundada em 1927 para o estudo das faculdades de um médium de efeitos físicos. Segundo o IMI, em 1946, tornou-se membro da Federação Austríaca de Sociedades Científicas (Fonte: IMI).

Universidade de Cambridge (Reino Unido)

O Laboratório Cavendish realiza o Projeto de Unificação Mente-Matéria (Fonte: SPR).

Universidade de Conventry (Reino Unido)

A Escola de Ciências Sociais e da Saúde mantém um Grupo de Estudos de Parapsicologia (Fonte: SPR).

Universidade de Kent (Reino Unido)

A Escola de Estudos Clássicos, Filosóficos e Religiosos mantém o Projeto Retro-Psicocinese (Fonte: SPR).

Universidade John Moores Liverpool (Reino Unido)

O Centro de Psicologia Aplicada mantém a Unidade de Pesquisa Psicológica e da Consciência, com estudos sobre paranormalidade, Ganzfeld e ESP (Fonte: SPR).

Universidade de Londres (Inglaterra)

Mantém em seu Departamento de Psicologia pesquisas sobre relações entre crença paranormal e personalidade; experiências paranormais e crenças no paranormal e Tarot (Fonte: SPR).

Universidade de Middlesex (Inglaterra)

Mantém em seu Departamento de Psicologia pesquisas sobre aquisição paranormal de informação durante experiências fora do corpo (Fonte: SPR).

Nene University College (Inglaterra)

Seu Departamento de Estudos Comportamentais mantém uma linha de pesquisas sobre PK, Clarividência em Ganzfeld, experiências anômalas em estados hipnagógicos e hipnopômpicos e a Psicologia da crença no paranormal (Fonte: SPR).

Universidade de West England (Inglaterra)

Mantém, em seu Departamento de Psicologia, estudos sobre PSI, ESP, OBE e NDE (Fonte: SPR).

A criação de disciplinas parapsicológicas e centros de pesquisa em universidades não se acha condicionada apenas ao "status" de ciência, mas envolve questões práticas, como a aplicabilidade do conhecimento desenvolvido pela Parapsicologia. Por mais que alguns estudiosos advoguem aplicações para algumas faculdades paranormais, nas áreas militar, médica e psicológica, é difícil pensar em um "mercado de trabalho" para um parapsicólogo formado e com os conhecimentos atualmente desenvolvidos, dada a raridade e incerteza dos fenômenos. O desdobramento de certas questões, em estudo pelos parapsicólogos, é extremamente importante para o conhecimento sobre o homem. Mas devemos admitir que as sociedades que construímos valorizam pouco o conhecimento incapaz de mobilizar dinheiro, mesmo em áreas nas quais o objeto é menos polêmico.

Espiritismo e Parapsicologia: fronteiras e limites

O debate entre o movimento espírita (entendendo este termo de forma mais ampla, englobando o Espiritismo e o Espiritualismo Moderno) e os materialistas do século XIX gerou a Metapsíquica e a Pesquisa Psíquica e, por conseqüência, a Parapsicologia.

A agenda de pesquisas dos parapsicólogos é ampla e controvertida, envolvendo alguns temas diretamente ligados ao pensamento espírita. Como a Parapsicologia ainda possui problemas relativos ao seu objeto de estudo e há muita divergência teórica sobre a existência de PSI e as teorias explicativas de PSI, é muito difícil se falar em posições claras neste ramo do conhecimento. Acompanhar os trabalhos da Parapsicologia demanda um domínio de diferentes escolas teóricas. Como se pôde ver neste pequeno trabalho, enquanto alguns parapsicólogos admitem a existência de PSI, preocupando-se em verificar sua origem e suas relações com o organismo humano e em formular teorias explicativas, outros ainda questionam a sua existência.

Postas as divergências, há que se considerar extremada a posição dos que advogam a "morte da Parapsicologia" ou a retirada dos temas espíritas da agenda dos parapsicólogos. No Brasil, parecem existir poucos recursos para os que se enveredam neste ramo do conhecimento e uma insipiência institucional, especialmente no meio acadêmico.

Há um limite claro entre o Espiritismo e a Parapsicologia. Enquanto esta última analisa evidências sobre a realidade de faculdades humanas que transcendem aos cinco sentidos e aos processos psicológicos básicos; o Espiritismo foi construído a partir da aceitação da existência de seres inteligentes incorpóreos e, especialmente, do diálogo que se estabelece com eles.

Realmente, trata-se de uma doutrina dos espíritos, construída a partir do trabalho de médiuns e pesquisadores, que vêm empregando alguns métodos próprios das ciências hermenêutico-fenomenológicas, em busca da identificação do sentido do que dizem os seus interlocutores. Esta aceitação pode ser considerada apressada por alguns parapsicólogos mas não foi, de forma alguma, apriorística, como nos mostra o estudo da História do Espiritismo e muito menos individual, mesmo admitindo-se a centralidade da obra de Allan Kardec para o movimento espírita brasileiro. Em síntese, a Parapsicologia é o estudo de fenômenos, enquanto o Espiritismo é também o estudo do mundo dos espíritos, de suas relações e de suas conseqüências, como o dizia Kardec.

Uma vez vistas as especificidades destes dois movimentos, temos os pontos comuns, as fronteiras. E em relação a elas, o diálogo entre o Espiritismo e a Parapsicologia poderia ser bastante frutuoso para ambos.

Se, por um lado, as observações realizadas pelos espíritas do século XIX estiverem corretas, os parapsicólogos honestos, por mais céticos que sejam, irão observar e relatar. Por outro lado, a crítica parapsicológica servirá ao espírita como fonte de interlocução e, se correta, desenvolverá nele uma visão compreensiva dos fenômenos mediúnicos e anímicos. Além disso, a pesquisa parapsicológica poderá aumentar o conhecimento sobre os mecanismos biológicos dos fenômenos mediúnicos e auxiliar a distingui-los melhor dos fenômenos psicológicos ou anímicos, por exemplo.

A partir da pesquisa, o movimento espírita poderá empregar, no entendimento das faculdades que exercita, os novos recursos desenvolvidos pelas ciências físicas, médicas e biológicas. Ou seja, a pesquisa nos permitirá uma melhor compreensão de fenômenos como os das operações espirituais, dos quais somos quase que meros expectadores e, por isso, sujeitos a todo tipo de riscos, como os relatados pelas associações de médicos espíritas.

Entretanto, deve-se aceitar que para realizar esse tipo de pesquisa não basta ter mente aberta e boa vontade. É indispensável a formação científico-filosófica própria, seja em pesquisa, seja nas áreas limítrofes, seja no conhecimento já acumulado pela Parapsicologia nestes mais de cem anos de atividades.

O movimento espírita brasileiro, institucionalmente falando, tem realizado poucos esforços organizados para acompanhar os desenvolvimentos da Parapsicologia. Nos anos 60, por exemplo, havia instituições espíritas de pesquisa em funcionamento, seminários, tradução e publicação de livros por editoras espíritas e simpatizantes do Espiritismo. Atualmente, encontram-se pessoas interessadas no assunto e alguns pesquisadores isolados que publicam o resultado de seus trabalhos.

Seria frutuoso que a imprensa espírita, as editoras de livros espíritas e as instituições se preocupassem com a divulgação da pesquisa parapsicológica, ao menos, informando os membros do movimento espírita brasileiro dos trabalhos em curso, as linhas de pesquisa e os pesquisadores, mesmo os que não aceitam as hipóteses espíritas em suas atividades. Certamente, teríamos um movimento mais crítico, capaz de debater mais e melhor o pensamento espírita e, assim, menos sujeito ao fascínio do misticismo acrítico, como um dia o desejou o próprio Codificador.

Anexo 1: Pequeno vocabulário de termos parapsicológicos

Aparição: A linha de estudos sobre aparições pesquisa relatos de figuras corpóreas associadas a atividades anômalas relacionadas com algum lugar específico.[29]

Biopsicocinese (Bio PK): Influência de organismos biológicos pela faculdade de psicocinese.

Cirurgia Psíquica: Realização de tratamentos semelhantes aos cirúrgicos, sem o uso de procedimentos médicos convencionais.

Clarividência: Envolve fenômenos de obtenção de informação do tipo visual sem o concurso do sentido da visão. É um dos tipos admitidos de percepção extra-sensorial.

Cognição Anômala: Termo utilizado, atualmente, para designar a transmissão de informações sem o concurso dos órgãos dos sentidos. Também usado como sinônimo de clarividência ou visão remota, e, algumas vezes, empregado com sentido mais geral, como sinônimo de percepção extra-sensorial (KPU).

Cura Psíquica: Realização de tratamento de problemas de saúde física ou no qual quem o realiza atribui-o a alguma faculdade ou agente especial desconhecido.

Estados Alterados de Consciência: Termo usado para descrever o funcionamento da mente em situações de consciência, quando esta se encontra modificada em decorrência do efeito de algum agente externo, como a hipnose, a meditação, o uso de drogas, etc. Este é um conceito central nos estudos de Psicologia Transpessoal.

Experiências de Quase-Morte (NDE): Estudo de relatos de pessoas em situação próxima à morte ou em iminente perigo de morte.

Experiências Fora do Corpo (OBE): Experiência em que uma pessoa tem a impressão de perceber o mundo de um ponto de fora do corpo físico.[30]

GANZFELD: "Um estado de privação sensorial, onde se apresentam campos sensoriais homogêneos". Geralmente, o sujeito é colocado em uma sala com iluminação reduzida e os olhos são cobertos com hemisférios brancos, são colocados fones de ouvido com ruído branco e ele é assentado em uma poltrona semi-reclinada confortável.

Interação Mental Direta com Sistemas Vivos (DMILS): Expressão empregada para definir processos em que uma pessoa tenta influenciar, principalmente fisiologicamente, um sistema biológico qual-

---

[29] EDGE, 1983, p.334

[30] Blackmore, 1995, p. 24.

quer. Quando o pesquisador opta por DMILS em lugar de Bio-PK, isso possibilita-lhe interpretações alternativas ao fenômeno, como ESP da parte do suposto influenciador.

Percepção Extra-Sensorial (ESP): Qualquer manifestação de PSI que parece análoga a um dos cinco sentidos. Alguns pesquisadores entendem que esta categoria envolve apenas fenômenos de telepatia e clarividência; mas é usual encontrarem-se pesquisadores que incluem a precognição, a retrocognição e outros fenômenos sob esta designação.

Poltergeist: Termo oriundo do alemão, que significa espírito barulhento; empregado para o estudo das chamadas "casas assombradas" e similares.

Precognição: Informação adquirida sobre eventos futuros sem o emprego de dedução ou qualquer fenômeno cognitivo conhecido pela Psicologia.

Psicocinese (PK): Fenômeno no qual uma pessoa parece influenciar o movimento de um objeto. Atualmente, tem sido classificado em micro-PK (quando a influência só é percebida estatisticamente) e macro-PK (onde ocorrem movimentos perceptíveis a olho nu).

Transcomunicação Instrumental (TCI): Também chamado de Gravação do Inaudível (GI), refere-se ao registro de sons e vozes inteligentes por meios eletrônicos (gravadores, vídeos, etc.), sem que haja locução por pessoas vivas. Foi inicialmente comunicado no III Congresso Internacional de Parapsicologia de Puchberg por Konstantin Raudive.

Visão a Distância (RV): Tipo de fenômeno geralmente pesquisado em laboratório, no qual uma pessoa tenta descrever algo que está acontecendo em outro lugar, fora do alcance dos seus sentidos. Este termo é quase sinônimo de clarividência.

Bibliografia

ALVARADO, Carlos. Panoramic views of the history of Parapsychology: a review of three recent books. *Journal of Parapsychology*, v. 58, p. 201-211, jun. 1994.

AMADOU, Robert. *Parapsicologia: ensaio histórico e crítico*. São Paulo: Mestre Jou, 1966.

ASSIS, Jesus de Paula. Kuhn e as ciências sociais, *Estudos Avançados*, São Paulo, v. 7, n. 19, p. 133-164, 1993.

BLACKMORE, Susan. *Experiências fora do corpo*. São Paulo: Pensamento, 1995.

DOORE, Gary. *Explorações contemporâneas da vida depois da morte*. São Paulo: Cultrix, 1997.

DOYLE, Arthur Conan. *História do Espiritismo*. São Paulo: Pensamento, s.d..

DUMAS, André. História do Espiritismo. In: ROUDÈNE, Alex et al. *História do Ocultismo*. Porto, Portugal: Nova Crítica, 1980.

GAULD, Alan. *Mediunidade e sobrevivência: um século de investigações.* São Paulo: Pensamento, 1995.

IMBASSAHY, Carlos. *Hipóteses em Parapsicologia.* Rio de Janeiro: ECO, 1967.

KARDEC, Allan. *A Gênese.* (36 ed.) Rio de Janeiro: FEB, 1995.

RHINE, J. B., BRIER, Robert. *Parapsicologia atual.* São Paulo: Cultrix, 1968.

RICHET, Charles. *O sexto sentido.* São Paulo: Sociedade Metapsíquica de São Paulo, 1940.

RUSH. Parapsychology: an introduction. In: EDGE, Hoyt, MORRIS, Robert, RUSH, Joseph, PALMER, John. *Foundations of Parapsychology.* Boston — USA: Routledge & Kegan Paul, 1986.

SAMPAIO, Jáder R. Mesmerismo e Espiritismo. In: *Doutrina Espírita, Cristianismo e História.* Belo Horizonte: Associação Espírita Célia Xavier, 1996.

_____ Delanne: Pesquisador de Espiritismo. In: *Coletânea de Estudos Espíritas.* Belo Horizonte: AECX, 1997.

_____ Flammarion: Um Astrônomo Diante do Mundo dos Espíritos. In: *O Transe Mediúnico e Outros Estudos.* Belo Horizonte: AECX, 1999.

STEVENSON, Ian. *Twenty cases suggestive of reincarnation.* New York: American Society for Psychical Research, 1966.

WALLACE, Alfred R. *Miracles and modern spiritualism.* New York: Arno Press, 1975.

JÁDER DOS REIS SAMPAIO é de Belo Horizonte/MG, casado, pai de dois filhos, professor de Psicologia da Universidade Federal de Minas Gerais, Doutorando em Administração pela Universidade de São Paulo e ex-pesquisador de diversas universidades. Autor dos seguintes livros na área de Psicologia: *Psicologia do Trabalho e Gestão de Recursos Humanos*; *Qualidade de Vida, Saúde Mental e Psicologia Social: Estudos Contemporâneos II.* Participante de várias coletâneas de Psicologia, publicou cerca de 30 trabalhos e monografias no Brasil e exterior. Como espírita já apresentou e fez palestras em vários Estados, participa da Associação Espírita "Célia Xavier" e é co-autor das seguintes obras: *Doutrina Espírita, Cristianismo e História* (1996); *Coletânea de Estudos Espíritas* (1997); *O Transe Mediúnico e Outros Estudos* (1999). Encontra-se no prelo sua tradução da obra *The Scientific Aspect of Supernatural*, de Alfred Russel Wallace. Também manteve coluna espírita no *Diário* de Montes Claros e participa como articulista da Revista *Reformador* e do Grupo de Estudos Avançados Espíritas — GEAE. jadersampaio@brfree.com.br

Principais Congressos Espíritas Internacionais
Florentino Barrera

Primer Congresso Internacional Espiritista, Barcelona, 3/9/1888. v. Congreso. Revue Spirite, ano 1888, p. 545.

. Congresso Spirite et Spiritualiste Internacional, Paris, 9 al 16/9/1888. v. Congrés. Revue Spirite, 1889, p. 58 y 22.

. Congresso Espiritista Ibero-americano e Internacional, Madrid, 20 a 24/10/1892. v. Congreso. Revue Spirite, 1892, p. 454.

. Londres (London), 25/5/1895. Revue, 1895, p. 383.
. Berlin, 24/5/1896. Revue, 1896, p. 778.
. Milán (milano), noviembre 1897.
. Munich (München), 31/5/1898. Revue 1898, p. 381.
. Londres, 10/6/1898. Revue 1898 p. 5 e 275.
. Rio de Janeiro, 28/8/1898. Revue 1898, p. 696.
. Congrés Spirite et Spiritualism International, Paris, 16 a 27/9/1900. v. 557.
. Lieja (liége), 11/6/1905. Revue, 1905. Revue, 1905, pp. 384 e 504.
. Paris, 7/6/1908. Revue, 1908, p. 373.
. Jemmapes, Bélgica, 30/5/1909. Revue, 1909, p. 144.
. Bruselas (Bruxelles), 14/5/1910, p. 367.

Foto rara do Congresso Espírita em Paris de 1925, presidido por Léon Denis. Ao centro, vê-se Léon Denis, tendo à sua esquerda Arthur Conan Doyle.

. Genebra (Geneve), 11/5/1913. La Revue, 1913, p. 140.
. Paraná, Brasil, 23/12/1915.
. Copenhague, 23/12/1915.
. Rio de janeiro, 28/8/1922. La Revue, 1922, p. 475.
. Lieja, 26/8/1923. Neste Congresso se estabelecem as bases da Federação Espírita Internacional (FSI). La Revue, 1923, p. 380
. Paris, 1925.
. Londres, 1928.
. La Haya, 193.
. Barcelona, 1934.
. Glasgow, 1937.
. Primer Congresso de la Confederación Espiritista Panamericana (CEPA), Buenos Aires, 5/10/1946.
. Boirnemouth, Gran Bretaña, 1947.
. Londres, 1948.
. 2º Congresso de la CEPA, Rio de Janeiro, 3 a 12/10/1949.
. Estocolmo (Stockholm), 1951.
. 3º Congreso de la CEPA, La Habana, 3/10/1953.
. Amsterdam, 1954.
. Paris, 1957.
. 4º Congresso de la CEPA, San Juan, Puerto Rico, 3 a 10/10/1957.
. Londres, 1960.
. 5º Congreso de la CEPA, Ciudad de Mexico, 2 a 19/10/1963.

. Rotterdam, 1963.
. 6º Congreso de CEPA, Buenos Aires, 5 a 12/12/1966.
. Copenhague, 1966.
. 7º Congreso de la CEPA, Maracaibo, 26/11 a 3/1969.
. Glasgow, 1969.
. 8º Congreso de la CEPA, México, 3 a 16/12/1972.
. Londres, 1975.
. 9º Congreso de la CEPA, México, 3 a 16/12/1972.
. Londres, 1975.
. 10º Congreso de la CEPA, Mar del Plata, Argentina, 9 a 14/12/1975.
. Londres, 1978.
. 11º Congreso de la CEPA, Maracaibo, 14-11-1978.
. 12º Congreso de la CEPA, Cartagena de Indias, Colombia, 5 a 9/5/1981.

Congreso Espiritista Nacional Espanhol, Madrid, 10 a 12/10/1981, reveste-se de importância por ser o primeiro congresso autorizado na Espanha desde 1934. Contou com delegações européias e americanas.

FONTES: *La Revue Spirite*, 1922, p. 475; *Anuário Espírita*, Araras, Brasil, 1971; Confederação Espírita Panamericana (CEPA); Confederación Espiritista Argentina (CEA).

FLORENTINO BARRERA, nascido em 1926, é de Caseros, Argentina, ingressou no movimento espírita em 1954, desde quando colabora com a Revista *A Consciência* e jornal *Peldaño*, dirigido por Genaro Pecci até 1974. Na "Sociedade de Estudos Psicológicos Vida Infinita" desde 1956, foi seu secretário e presidente em várias gestões.

Exercendo o cargo desde 1981 de diretor do Boletim "Vida Infinita", é autor de várias obras, entre elas fac-símiles de publicações raras de Allan Kardec, como "Resumo da Lei dos Fenômenos Espíritas" e outros.

Entre os trabalhos do Autor, cabe menção: *Bibliografia Espírita do Século XIX* "1983"; *Etienne Dollet, um Precursor do Espiritismo* "1989"; *O Auto-de-Fé-de-Barcelona* "2.ª Edição-1998"; *O Processo dos Espíritas* "1999"; *Resumo Analítico das Obras de Allan Kardec* "2000"; *Resumo Analítico da Revista Espírita* "2001"; e *A Sociedade de Paris* "2.ª Edição-2002".

NOTA DO EDITOR: Estas obras de Florentino Barrera serão lançadas em português no Brasil por nossa Editora. Encontra-se no prelo *Resumo Analítico das Obras de Allan Kardec*.

Uma Missão de Amor
Sociedade Pró-Livro Espírita em Braille

Amber Capriles

O utilíssimo trabalho prestado pela SPLEB e seus filiados aos deficientes visuais é pouco conhecido do público espírita, mas merece ser colocado em evidência porque atua numa área da deficiência física à qual, até alguns anos, era dada pouca importância. Hoje o mundo está compreendendo que o deficiente físico em geral é um cidadão que tem o direito de estar integrado à sociedade. Os esforços do poder público e de entidades privadas em criar melhores condições para a adaptação de logradouros públicos, instalações sanitárias, transportes, etc. para a circulação de deficientes ainda são pequenos, mas já revelam um avanço na conscientização dos direitos do deficiente físico. A atuação da SPLEB é meritória porque cumpre duas funções importantes: divulga a Doutrina Consoladora dos Espíritos e dissemina a cultura em geral entre os deficientes visuais gratuitamente.

Em 1953, conheceram-se providencialmente dois jovens espíritas, Luis Antonio Milleco Filho e Marcos Vinicius Telles, apresentados pelo Professor Silvio Pellico Machado. Os dois jovens, cegos, ambos pertencentes ao Instituto Benjamin Constant, inspirados pela Espiritualidade, uniram-se para criar, em 30 de junho do mesmo ano, a Sociedade Pró-Livro Espírita em Braille — SPLEB. Seu ideal era poder fornecer aos

Chico Xavier com sorriso nos lábios recebe livros psicografados por ele em Braille.

deficientes visuais a possibilidade de conhecer a doutrina espírita em suas próprias fontes, mediante a transcrição das obras para o sistema braille. Para presidir a recém-fundada entidade, convidaram o então General Mário Travassos, ligado à Cruzada dos Militares Espíritas, que, com sua experiência de administrador, elaborou os estatutos da nova Entidade, nascida sem sede própria, funcionando provisoriamente na Agremiação Espírita Francisco de Paula.

Hoje, tendo como Presidente o Professor Marcos Vinícius Telles, Mestre em História, possui sede própria, à Rua Thomaz Coelho, 51 — Vila Isabel, no Rio de Janeiro, tendo sido declarada de Utilidade Pública Federal, Estadual e Municipal.

Em 18 de abril de 1957, a SPLEB imprimiu a obra *O que é o Espiritismo*, em três volumes com uma tiragem de 50 exemplares. Foi o início de sua árdua e importante tarefa.

Uma Missão de Amor... 157

A SPLEB, atendida por mais de 180 trabalhadores voluntários, além de imprimir obras doutrinárias em braille, possui outras publicações como apostilas profissionalizantes para os cursos de operador em câmara escura, telefonia PABX adaptada à pessoa cega, massoterapia, etc., legislação referente aos cegos e cursos de braille tanto em sua sede social como por correspondência, oferecidos gratuitamente aos deficientes visuais, que em sua grande maioria são pessoas da terceira idade, em todo o território nacional, atingindo também a América Latina, Portugal e África portuguesa. Também tem lançado um Dicionário Português-Espanhol; Espanhol-Português em 10 volumes e o Vocabulário Esperanto-Português/Português-Esperanto em 7 volumes.

Entre outros trabalhos, a SPLEB mantém um programa dominical de rádio, apresentado por Luiz Antonio Millecco na Rádio Rio de Janeiro, freqüência de 1.400 kHz, a emissora da Fraternidade da Fundação Cristã Espírita e Cultural "Paulo de Tarso".

Membros da Biblioteca "Casimiro Cunha" do GEEM — São Bernardo do Campo/SP.

Reunião na Biblioteca "Casimiro Cunha".

Possui núcleos em Salvador/BA, Vitória/ES, Cachoeiro do Itapemirim/ES e em São Bernardo do Campo/SP e Bibliotecas em vários Estados do Brasil como Amazonas, Paraíba, Rio de Janeiro, São Paulo, Paraná, Rio Grande do Sul, Brasília, Minas Gerais, Goiânia e Mato Grosso do Sul. No exterior, possui bibliotecas em Lisboa e Vila Nova de Gaia, em Portugal.

Para manter informados todos aqueles aos quais serve e também para unir e aproximar cada vez mais seus voluntários, edita o *Kardecbraille*, publicação agora trimestral, que divulga as atividades *splebianas*, seus eventos, artigos de interesse geral e relatórios administrativos e de resultados dos trabalhos realizados.

Além disso, mantém, na Internet, o Catálogo Nacional de Publicações para Cegos — CNPC, reunindo 15 entidades particulares e oficiais, prestadoras de serviços aos cegos, que oferecem, quer seja por empréstimo, quer por doação, obras transcritas para o sistema braille, gravadas em livros falados ou informatizados em disquetes, num total de 8.600 obras catalogadas, com cerca de 1.700 volumes transcritos em braille para empréstimo a cegos residentes no Grande Rio e uma audioteca com 4.500 fitas gravadas. Nos últimos dez anos distribuiu gratuitamente mais de 2.700 volumes de obras impressas em braille. Mantém estreita colaboração com a Biblioteca "Casimiro Cunha", órgão filiado ao GEEM — Grupo Espírita Emmanuel, cuja criação ocorreu por sugestão do Sr. Rolando Mario Ramacciotti, então presidente do GEEM. A finalidade deste núcleo é também a de promover a divulgação da doutrina espírita aos deficientes visuais. Suas atividades foram iniciadas em julho de 1972 com a colaboração da SPLEB. Sua Biblioteca circulante possui hoje 849 volumes de obras espíritas. Produz seus próprios livros no sistema Braille e mantém um serviço de mensagens avulsas em braille enviadas mensalmente aos deficientes cadastrados na Instituição.

MONUMENTO A LOUIS BRAILLE

Em 30 de Julho de 1999, foi inaugurado em Macaé - RJ, o monumento acima, obra do artista plástico Joás Pereira dos Passos, para homenagear Louis Braille (1809 -1852), nos seus 190 anos, inventor do sistema de escrita e leitura para deficientes visuais. O homenageado, assentado, tem 1,40m no monumento, Louis Braille que criou o sistema aos 16 anos se "projeta" no menino, de pé, à sua direita.

Também possui o "Curso Balbina de Moraes" para ensino do Sistema braille para pessoas cegas e de visão, relançando recentemente o projeto de ensino a distância atualizado. As pessoas de visão, ao concluírem o curso, tornam-se "transcritoras" para o sistema braille. A SPLEB conta com um número apreciável de "transcritores", todos voluntários, alguns trabalhando em suas residências somente indo à entidade para efetuar a conferência de seus serviços com um "revisor". O trabalho voluntário dentro da SPLEB pode ser feito por pessoas de visão dentro das seguintes áreas:

• "Transcritor": passando os textos para o sistema braille.
• "Ledor": gravando ou lendo para o deficiente.
• "Matrizador" ou "estereotipista: confeccionando, na matrizadora, matrizes de alumínio das obras transcritas para o sistema braille.
• Passando na prensa as obras matrizadas para a sua reprodução.
• Costurando os livros impressos.

Ao lado dessas atividades específicas, uma infinidade de outras não menos importantes podem ser realizadas.

Encontra-se em projeto para futuro próximo a divulgação do ensino do sistema braille por correspondência na Internet, a fim de reforçar a dimensão do trabalho por melhores condições de vida para o cego brasileiro desenvolvido pela SPLEB.

SPLEB — uma entidade filantrópica, fraterna e operosa trabalhando em nome de Jesus no auxílio aos irmãos deficientes visuais espalhando a luz da doutrina espírita cada vez mais longe.

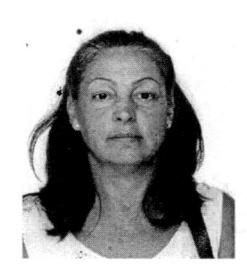

AMBER MARA CAPRILES, nascida em São Paulo em 22 de outubro de 1952, casada, com três filhos e três netos; formada em Artes pela Escola Panamericana. Viveu em vários países como Argentina, Espanha e Inglaterra. Sócia da Empresa RCA Consultores, é espírita desde a adolescência e desenvolve suas atividades espíritas no C.E. "Pouso da Esperança" e na S.E. "Anália Franco" de Eldorado — Diadema. rcaconsultores@uol.com.br

História do Espiritismo em Mato Grosso

Jorge Hessen

Os primórdios

"Em 1896, decorridos 39 anos do lançamento de *O Livro dos Espíritos* na França, (obra basilar compilada por Allan Kardec) e 12 anos após a fundação da FEB — Federação Espírita Brasileira (em 1884 no Rio de Janeiro) — a cidade de Cáceres/MT viu surgir, por obra de militares que aportaram àquela cidade, uma pioneira Casa Espírita que seria a precursora do atual Centro Espírita "Mateus", que em novembro de 1996 comemorou o seu centenário com um evento de grande porte, apresentando expositores locais e de outros Estados do Brasil.

Em Cáceres, em 30/11/1896, fundava-se o grupo espírita "Fé e Caridade", cuja diretoria estava constituída por João de Campos Vidal, presidente; Manuel Nunes de Barros, secretário; Júlio Sandeles Palomares, diretor dos trabalhos e Antônio Juliano da Silva, tesoureiro. Outro núcleo cacerense, denominado "Apóstolos de Cristo e da Verdade", funcionava na residência da Sra. Maria Guia Bastos, a partir de 1897.

Em 15/03/1900, foi oficialmente fundada a Sociedade Espírita "Antônio de Pádua", cuja sede provisória era a casa do Sr. José Borba Neto. Seus fundadores foram: Antônio Juliano da Silva, Brasiliano da Silva Baraúna, Fidêncio José da Silva, Romão da Rocha, Bartolomeu da Trindade Fonseca, Antônio D' Alencourt Sabo de Oliveira, Perciliana Gonçalves da Cunha, Benedito da Costa Marques e Manoel Higino da Costa Marques. Integravam a primeira diretoria da instituição, que a partir de 1916, denominou-se Centro Espírita "Mateus", João de Campos Vidal, presidente; Antônio D'Alencourt Sabo de Oliveira, vice-presidente; Domingos Bezerra, secretário e José Borba Pereira, tesoureiro. Pela importância histórica, registram-se os nomes desses pioneiros.

Chegando à capital matogrossense, Manoel Vianna de Carvalho liderou o movimento de fundação do hoje denominado Centro Espírita "Cuiabá", em 06/02/1906. Major do Exército e um dos maiores tribunos espíritas de sua época, esse cearense natural de Icó viajou por todo o Brasil em função de sua carreira militar. Sempre fundando ou dirigindo casas espíritas. Em Cuiabá, encontrou núcleos familiares de reuniões espíritas, que ocasionalmente ocorriam na residência de Dona Nenê Pitaluga e do Capitão Pedro Ponce.

Com o dinamismo que lhe era próprio, Vianna de Carvalho quis impulsionar a implantação da filosofia espírita, escrevendo artigos no jornal semanal que então circulava em Cuiabá. Mas não foi muito bem-sucedido, tendo em vista o pouco interesse da comunidade majoritariamente católica e aos grandes preconceitos ainda vigentes àquela época. O Major Otávio Pitaluga, espírita convicto, combinou então com Vianna de Carvalho a estratégia de rebater as idéias espíritas, como se católico fosse, em artigos na imprensa, para criar interesse em torno do movimento Kardecista então nascente.

A partir disso posicionaram-se em lados antagônicos os mais letrados e mais ardorosos de cada facção religiosa. Destacou-se entre os polemistas o Dr. Luís Alves da Silva Carvalho, Juiz de Direito de Cuiabá, católico, que se dispôs a defender publicamente a sua religião, conforme combinou com o Arcebispo Dom Carlos Luiz D' Amour. Esse prelado, nascido na França, era de família nobre e muito culto. Foi responsável pela construção da Igreja Bom Despacho, réplica em menor escala da famosa matriz de Paris, a Notre Dame e que se constitui hoje, talvez, na mais preciosa edificação tombada pelo patrimônio histórico local. Moralmente correto, quis o juiz tomar ciência da filosofia espírita para melhor refutá-la, no que foi impedido pelo arcebispo, com o argumento proibidos pelo Index Católico. O juiz atendendo à sua digna consciência o desobedeceu, comprando, lendo e estudando todas as obras. E de acusador, passou a defensor das novas idéias, juntando-se ao grupo que antes antagonizava. Esse fato foi, sem dúvida, um grande triunfo da doutrina. Pode-se imaginar o impacto de tal acontecimento nos círculos sociais da então pequena Cuiabá.

O certo é que o Dr. Luiz Alves da Silva Carvalho (convertido juiz) tornou-se presidente da Sociedade Anônima Espírita "Cuiabá", formalmente fundada em 06/12/1911. Os demais membros dessa primeira diretoria foram: Rafael Verlangiére, vice-presidente; Cypriano Costa Campos, secretário e João de Deus Leite, tesoureiro.

O passado remoto

Os registros de documentos são muito falhos. Rafael Verlangiere, na qualidade de vice-presidente da Sociedade Anônima Espírita "Cuiabá", adquiriu a antiga sede do Grupo Escolar Distrito de Cuiabá, pela quantia de vinte e hum contos de réis, registro cartorial. Isso, segundo as formalidades dos fatos, porque na realidade, constituiu-se, e o próprio Rafael Verlangiere a escriturou como se tivesse sido comprada, para evitar futuras contestações de herdeiros. Segundo a descrição da escritura, constituía-se de "uma casa de duas portas, e sete janelas, localizada na rua 1, nº 16, Freguesia da Sé". Um imóvel de porte, segundo se pode deduzir.

Um outro pioneiro, o sr. Manoel Miráglia, sócio do Centro desde 1915, foi figura de destaque nos primórdios do movimento.

Mas a personalidade mais destacada em toda casa espírita matogrossense é o Tenente Aristotelino Alves Praeiro. Nascido em Cuiabá, em 1º de maio de 1903, teve infância difícil, por ter ficado órfão de pai e, logo em seguida, de mãe, muito cedo. Aos nove anos, passa à tutela de familiares próximos. Tal qual o pai, em 1922, torna-se militar, tendo servido em vários pontos do país, quase sempre com brilhantismo, correção e honra. Na mocidade, enfrenta trabalhos pesados no campo, mas por extrema força de vontade, caráter e valor pessoal, logo alcança posição de destaque na carreira militar, no magistério e na administração pública.

De lá para cá, a história do Espiritismo em Mato Grosso confunde-se com a vida pessoal do Tenente Praeiro. Para onde lhe leva a vida nômade de militar, ali planta as sementes do Espiritismo ou as cultiva. Assim, em janeiro de 1932, no Rio de Janeiro, freqüenta o Centro Espírita "Antônio de

Aristotelino Alves Praeiro, um dos fundadores da Federação Espírita do Mato Grosso (foto de 1989).

Pádua", situado na Praça Santos Dumont, no Jardim Botânico. Após haver lutado na Revolução Constitucionalista, regressa ao Estado natal e apresenta-se em Campo Grande/MT, e não dispunha sequer de uma casa espírita. Conhece então o Sr. Constantino Lopes Rodrigues, distribuidor naquela cidade, da Revista *Reformador* da Federação Espírita Brasileira, FEB. Tornam-se grandes amigos e ampliam suas amizades com um casal de idosos, cuja filha era médium de acentuada sensibilidade. A eles junta-se o Sr. Ítalo, que, como espírita, oferece a garagem de sua residência para a realização de sessões. Por esta ocasião, o Sr. Praeiro sonha com um espírito que se denominava "Antônio de Pádua", que lhe revelou ter ele missões a cumprir em quatro cidades de Mato Grosso.

Em 1933, por determinação do Comando da Nona Região Militar, retorna a Cuiabá. Já viúvo, passa a residir com seu sogro Sr. Arnaldo de Mattos e sua filhinha Doralice, que estava aos cuidados do mesmo. Nessa casa, iniciam-se as práticas do culto do Evangelho no Lar. E sob orientação mediúnica de D. José Antônio dos Reis, por meio do médium Flávio de Mattos, seu cunhado, ampliam-se os trabalhos mediúnicos e de passes magnéticos. Essa atividade constitui a primeira das tarefas relativas ao sonho com Antônio de Pádua.

Em janeiro de 1935, o Sr. Praeiro desloca-se para Corumbá, onde assume o cargo de instrutor da Escola de Instrução Militar e Professor de Educação Física do Colégio Maria Leite. Entristecido por ter de deixar os trabalhos em Cuiabá foi, entretanto, estimulado pela mensagem de uma entidade que se identificou como "José de Arimatéia", que o exortava a ter bom ânimo e a cumprir sua tarefa, pois que logo estaria de retorno.

Em Corumbá, encontra apenas uma casa espírita, o Centro Espírita "Bezerra de Menezes", e passa a freqüentá-lo. Coopera nesta casa, após os labores profissionais, como palestrante, passista e no atendimento às famílias carentes, cumprindo a segunda de suas incumbências, de acordo com o sonho revelador.

Em agosto de 1935, é chamado de volta a Cuiabá e reassume as tarefas profissionais e doutrinárias que deixara. Mas nem bem chegara, em janeiro/1936, transfere-se para Nioaque, onde tem a tarefa de organizar o "Tiro de Guerra" da região. Não havendo uma sede militar na localidade, os trabalhos desenvolvem-se na própria Prefeitura Municipal. O prefeito, que sofre de problemas visuais, começa a se tratar espiritualmente sob a orientação do Sr. Praeiro e, obtendo melhoras, entusiasma-se pela doutrina e oferece sua própria residência para os trabalhos espíritas. E desse núcleo, ao qual agregam-se o Juiz de Direito, o coletor, e o delegado de polícia, surge o "Centro Espírita Nioaquense". Concretiza-se assim a terceira missão do sonho de Antônio de Pádua.

Em 29 de abril de 1936, o Sr. Praeiro recebe ordens de regressar a Cuiabá. Entretanto, antes é obrigado a apresentar-se ao Quartel General de Campo Grande. E nessa rápida passagem, reencontra os velhos amigos Constantino e Ítalo, verificando feliz o pleno funcionamento da primeira casa espírita de Campo Grande, em imóvel de propriedade do Sr. Constantino, denominada Centro Espírita "Discípulos de Jesus", que veio a ser também, muito mais tarde, a sede provisória da Federação Espírita do Mato Grosso do Sul.

De volta à velha terra cuiabana, une-se ao amigo Manoel Miráglia, com quem, a partir de então, inicia atividades no Centro Espírita Cuiabá, a instituição fundada por Viana de Carvalho e Rafael Verlangiere. Nessa época, ali também se destaca a pessoa de Vitória Manseir Moreira, como outra pioneira dedicada e incansável nos trabalhos da causa espírita.

Em junho de1937, após cinco anos de viuvez, casa-se novamente, com sua cunhada Flaviana de Mattos. E com ela tem oito filhos, todos seguidores na Doutrina Espírita.

Em abril de 1938, prosseguindo sua carreira militar, recebe ordens para sediar-se em Cáceres, no Segundo Batalhão de Fronteira. No Centro Espírita "Mateus", encontra o Sr. Armando Granja, então presidente da Instituição. Sua fama de bom espírita, com dons de cura, já ali havia chegado. E as atividades do Centro Espírita "Mateus" ganham fortíssimo impulso. Entretanto, foi também alvo de perseguições e pesadas críticas, colocando toda a cidade imersa em agitação e comentários, que aos poucos foram se abrandando, por força de sua mansa posição de calma e tolerância. Ao final, ganha o respeito da comunidade por suas ações beneméritas.

Em 1946, convencido de que alcançara a realização de sua quarta missão, após oito anos de ausência da própria família, fixa-se novamente em Cuiabá. Já domiciliado em sua própria casa, restabelece aí as ações evangélico-mediúnicas bem como as de auxílio ao amigo Miráglia nas atividades do Centro Espírita Cuiabá.

De 1950 em diante, concentra seus trabalhos no citado centro. Dinamiza-o com a criação da Livraria Espírita e da Farmácia Homeopática. E aquela casa, local de palestras públicas e reuniões mediúnicas, passa a ser a verdadeira universidade espírita de Cuiabá, com a Escola Kardeciana, cursos de evangelização infantil e de estudos doutrinários. Concomitantemente, desenvolvem-se trabalhos de assistência social aos carentes.

A grande arrancada

Em 1956, vem a Cuiabá, à procura do Senhor Praieiro, o Coronel Duílio Lena Berni, do quartel da cidade de Campo Grande, para consultar o Sr. Praeiro sobre a criação da Federação Espírita do Estado do Mato Grosso. A idéia floresce e o Coronel Duílio, favorecido pelo transporte aéreo militar, pôde visitar várias cidades do Estado (então unificado) tais como Ponta Porã, Dourados, Três Logoas, Bela Vista, Corumbá,

Mesa diretora da sessão de encerramento.

Grupo de Convencionais, no pátio da Fraternidade Espírita Educandária.

Federação Espírita do Mato Grosso.

Rio Verde, Aqüidauana, Miranda, Terenos e Nioaque. Estabelece contatos nessas localidades, com todas as casas espíritas, convidando-as a participarem da criação da federativa estadual. Acertam-se quanto à escolha de sua sede em Campo Grande, devido à existência, ali, de uma maior quantidade de casas espíritas.

A semente da idéia federativa em Mato Grosso foi lançada já em 1949, por meio de troca de cartas entre espíritas de Campo Grande e os dirigentes da Federação Espírita Brasileira. Em 6 de junho de 1953, por iniciativa e convite da Fraternidade Espírita Educandária, por intermédio de seu presidente Onésimo da Costa faria, realizam-se reuniões da diretoria de várias casas espíritas, para tratar do assunto "Federação". Marcam presença as seguintes instituições: Centro Espírita "Fé, Amor e Caridade", Centro Espírita "Discípulos de Jesus", Centro Espírita "Ismael", Vivenda Cristã Espírita, Centro Espírita "Castro Alves", Núcleo de Campo Grande da Cruzada dos Militares Espíritas e, naturalmente, a própria Fraternidade Espírita Educandário.

Nessa reunião inicial, estabelece-se a data da realização do Primeiro Congresso Espírita do Estado de Mato Grosso, em junho de 1956, como medida preliminar para fundação da Federação Espírita do Estado do Mato Grosso — FEEMT. Dividem-se os trabalhos da Comissão Organizadora do Congresso entre as instituições presentes. Para registro histórico e mérito, assinalam-se os nomes das pessoas participantes: Maria Edwirges Borges, Hormínio Pereira Mendes, Sebastião Braga, Deolindo Vendrammi, Constantino Lopes Rodrigues, Teodomiro Leite de Meio, Manoel Inocêncio de Oliveira, Maria Ribeiro Serra, Lázaro de Brito, Jayme M. Costa, Fia' Osório, Diogo Malheiros, Expedito Antônio de Barros, José Cândia Primo e Raul Ril Pitthan.

Em 1955, o Jornal *Mato Espírita*, hoje órgão de difusão da FEEMT, publica artigos demonstrando a necessidade da união das instituições espíritas mato-grossenses, para a fundação da federativa e abre, inclusive, uma seção para opinião dos leitores, chamada "Página do Congresso Espírita".

O Tenente Praeiro participa de todos os encontros, atos e decisões preparatórias para a fundação do novo órgão, que finalmente é criado em sessão solene inaugural, no dia 14/12/1956, às 20h30 no auditório da Associação dos Proprietários de Imóveis de Campo Grande, sediado à Rua Dom Aquino, 339. O Ato Declaratório de fundação da FEEMT foi assinado por vinte e duas sociedades convencionais presentes, por meio de seus representantes credenciados. A primeira diretoria ficou assim constituída: Presidente, Aristotelino Alves Praeiro; vice-Presidente, Manoel Miráglia; secretário-geral, Edú Xavier; primeiro-secretário, Gracildes Meio Dantas; segundo-secretário, Nelson Miranda Santiago; primeiro tesoureiro, Joaquim Justino de Souza e segundo-tesoureiro, Clodoaido Lima. Este último e Edú Xavier estão até hoje firmes e atuantes nos trabalhos assistenciais e doutrinários de diversas casas espíritas cuiabanas.

O passado recente

A partir da criação da FEEMT, comparece mais ativamente e com presença marcante o maior líder do Espiritismo em nossa terra, o Tenente Praeiro. Homem de nobres ideais, não só no âmbito de sua fé se destaca. Grande empreendedor e líder comunitário, integra sucessivos governos municipais em Cuiabá e Várzea Grande, em cargos que se afinam com sua inclinação pessoal humanitária, empenhado em ajudar ao próximo. Começam a surgir outros núcleos espíritas em Cuiabá e as obras assistenciais ganham maior porte.

Desde o início de suas atividades no Espiritismo, o Sr. Praeiro acalenta o sonho de fundar uma instituição que apoiasse integralmente os órfãos e menores carentes. Em 12/01/1962, funda-se o "Lar Espírita Monteiro Lobato" (coligado à FEEMT, ainda hoje respeitada casa assistencial espírita da capital), que surge a partir de um grupo de idealistas, composto pelo próprio Sr. Praeiro, pela Sra. Maria de Lourdes Ribeiro Teixeira, do jornalista e escritor Avelino Tavares e outros. Este último oferta um lote de sua propriedade num local ermo e distante, verdadeiro matagal, o atual bairro Jardim Cuiabá. Posteriormente, outros lotes foram anexados por doação pessoal do marido de D. Maria Ribeiro. Como estes lotes estavam com suas metragens indefinidas, entra em cena o Sr. Manoel Miráglia que, como Presidente da Câmara de Vereadores, apresenta projeto de desapropriação de todos os lotes, com

Direção da FEEMT.

a posterior doação dos mesmos à FEEMT. A segunda etapa, a da construção, constitui obra conjunta de vários idealistas. O Dr. Frederico Campos (ex-Governador de Mato Grosso) elabora o projeto e fiscaliza a obra. Destaca-se também o Tenente Edu Xavier, que tendo ganho à época um prêmio da loteria federal, doa todo o cimento para a construção. Residente em Corumbá, ali o compra a preço de custo e paga também o difícil transporte por via fluvial. Igualmente digno de nota o auxílio do comandante do 16º Batalhão de Infantaria Motorizada que transportou todo o material para a edificação. Outros nomes ligados à fundação do Lar Espírita Monteiro Lobato são os dos militares Meller e Felipe Jorge, então Major e Capitão respectivamente. E Dona Mana Ribeiro torna-se a grande Presidente da Instituição por longos anos. Destaque-se também para o grande trabalho realizado com profundo desprendimento à nossa querida irmã e amiga Leila Freire.

Como Diretor do Departamento de Promoção Social da Prefeitura de Cuiabá, na gestão do Prefeito Dr. Villanova, apoiado financeiramente pelo deputado Gastão de Mattos Müller e com a ajuda de seu grande amigo Avelino Tavares (novamente benemérito doador da área), o Sr. Praeiro instala a duras penas e até com sacrifícios pessoais o hoje denominado Bairro Praeiro, constituído de 172 lotes de 360 m² cada um, direcionado ao público mais carente. Caráter ecumênico, reserva ali áreas para a construção de igrejas católica, protestante e, naturalmente, um Centro Espírita, o atual "José Antônio dos Reis". Os outros credos não se interessaram em implementar suas sedes. Foi inaugurado ao término do Governo do Dr. José Fragelli, com a instalação da Escola Hélio de Souza Vieira e um centro comunitário, cujo nome homenageava a sogra do Governador.

Tenente Praeiro (centro) e Vanda de Castro Sampaio, quando recepcionavam no Aereoporto Marechal Rondon o médium Divaldo Pereira Franco, numa de suas visitas a Cuiabá.

Por iniciativa de dedicadas pessoas ligadas ao Espiritismo e especialmente ao respectivo setor assistencial, como a Sra. Arminda Thomé Müller, começa o ciclo de palestras proferidas por Divaldo Pereira Franco, um dos maiores expoentes da Doutrina e que, a partir de 1975, se estende por um período de mais de vinte anos. Com o empenho da Sra. Arminda e o concurso dos companheiros de ideal, começam a vir à nossa terra os maiores líderes espíritas, para cursos, seminários e palestras, tais como José Raul Teixeira (1979), Alberto de Almeida (1994), Edvaldo Roberto de Oliveira (1995). Outros mais e também por outros modos, foram sendo convidados, tais como Jerônimo Mendonça, Adelino Silveira, Umberto Ferreira, Washington Fernandes, expoentes nacionais do movimento. E ainda outros numerosos e dedicados líderes.

O assistente social Mário Barbosa, em ações pessoais, como espírita, e profissionais, como servidor público, inicia a orientação mais adequada às instituições e respectivos dirigentes. Procura mudar o enfoque das ações de socorro aos carentes, eliminando o assistencialismo e introduzindo a verdadeira assistência social, que promove a criatura a um patamar de dignidade e cidadania, igualmente contemplando seu espírito, alimentar materialmente o necessitado, para uma ação de socorro mais integral, mais abrangente.

A atualidade

Até 1988 existiam em todo o Estado de Mato Grosso quarenta casas espíritas. Hoje já chegam a cem. Este grande incremento tem-se verificado pela dinamização do movimento, como um todo, impulsionado por este intercâmbio de idéias e por atuação da FEEMT, que é atualmente presidida pelo Sr. Lacordaire Abrão Faiad. E sob sua liderança, se estrutura em novas bases, com um mais atualizado estudo e implantação de novas técnicas gerenciais.

Maria Edwiges Borges ocupou por muito tempo a função de Presidente do Centro Espírita "Discípulos de Jesus", médium psicógrafa e fundadora do Sanatório "Mato Grosso".

A instituição reorganiza-se e adota um sistema administrativo mais integrado e dinâmico, baseado em um organograma composto pela presidência e por coordenações constituídas, cada qual por três elementos, com mandatos de três anos. São em número de onze, a saber: Coordenações de Unificação, Estudo e Doutrina, Comunicação Social, Finanças, Administração, Secretaria, Divulgação do *Livro Espírita*, do Serviço Assistencial, da Infância e Juventude, de Apoio aos Eventos Federativos e de Assessoria Jurídica.

Hoje, sua finalidade maior é a divulgação da Doutrina Espírita, por meio da aglutinação, normalização e orientação às casas espíritas a elas adesas, bem como a associação de novos membros que lhe professem o ideal. Objetiva ainda a reorientação dos rumos das ações de atendimento aos carentes, amparando-os emergencialmente, porém buscando a verdadeira assistência social, que complemento o ser humano holisticamente, como espírito e matéria, promovendo-o de forma integral. E naturalmente, registrando as ações do movimento em Mato Grosso, para fins documentais e históricos.

Fontes

1) Documentação histórica:
Livros, registros e anais da FEEMT
2) Depoimentos pessoais:
Arminda Thomé Miller

JORGE HESSEN nasceu no Rio de Janeiro, em 18 de agosto de 1951. Na juventude teve seu primeiro contato com fatos da mediunidade, por meio de uma incorporação de seu irmão mais novo.

Aos 20 anos ingressou por concurso no serviço público onde até hoje permanece. Foi, durante 5 anos, Diretor do INMETRO no Estado do Mato Grosso. Executou serviços profissionais junto à Universidade de Brasília, na condição de coordenador de provas práticas de concursos públicos, realizados pelo CESPE.

Consorciou-se com Maria Eleusa aos 26 anos. É pai de quatro filhos. Possui a Licenciatura de História e Geografia pelo UniCEUB (Centro Universitário de Brasília); atualmente está cursando Licenciatura Plena de História na UnB (Universidade de Brasília).

Participou da fundação de alguns centros espíritas em Brasília e Cuiabá/MT. Começou seu trabalho de divulgação, ainda jovem, em todo o DF.

Foi redator e diretor do jornal *União* da Federação Espírita do DF. Vinculado a vários órgãos divulgadores da Doutrina: *Reformador* da FEB, *O Espírita* do DF e *O Médium* de Juiz de Fora/MG. Autor do livro *Luz na Mente*. j.hessen@zipmail.com.br

Nota da Editora: Como contribuição à pesquisa do Autor, reproduzimos aqui uma nota publicada no periódico espírita *A Luz*, órgão do Centro Espírita de Curitiba, de 15/4/1898, anunciando a criação de um Centro Espírita em São Luiz do Cáceres:

CORRESPONDÊNCIA — De São Luis do Cáceres (Mato Grosso), uma carta do sr. João da Silva, dando-nos a grata notícia de que, desde julho passado, funciona ali um Grupo Espírita com a denominação de "Apóstolos de Cristo e da Verdade" adotando sem discrepância as obras de Allan Kardec.

O mesmo confrade pede-nos a remessa de A Luz *para si e seus consócios.*

Felicitamos jubilosos o digno Grupo que vai ser satisfeito em seu pedido.

A Origem do Termo "Centro Espírita"

Eduardo Carvalho Monteiro

Há alguns anos, conceituado confrade espírita pediu-nos que o ajudasse a investigar a origem do termo "Centro Espírita", ou a primeira vez em que foi usada essa designação tão popular para uma Associação Espírita.

Nunca havíamos refletido sobre isso, mas assumimos a tarefa como um desafio.

Desde então temos garimpado em nossos alfarrábios e a referência mais antiga que encontramos foi no *Almanach do Estado de São Paulo* de 1890, por Jorge Seckler, que anunciava, em 1886, a fundação do "Centro Familia Spirita" de São Paulo, do qual falaremos adiante. Não foi, no entanto, com o sentido que tem hoje. Creio, porém, que conseguimos chegar a uma conclusão plausível sobre o início do uso da terminologia "Centro Espírita", depois de muitas pesquisas e algumas deduções que apresentamos a seguir.

"Comissão Central"

Allan Kardec, depois da publicação do *Pentateuco Espírita*, começou a se preocupar com os problemas da organização do Espiritismo, principalmente os rumos que tomaria após sua desencarnação. Em suas reflexões e artigos que apareciam na *Revista Espírita* e posteriormente foram publicados em *Obras Póstumas*, ele traçava bases para que o

Fachada do Centro Espírita "Anjo da Guarda" de Santos/SP, a mais antiga instituição espírita em atividade do Brasil.

movimento não tomasse os contornos de uma religião hierarquizada e não se esfacelasse ante possíveis lutas pelo poder. Dizia ele que "durante o período de elaboração, a direção do Espiritismo teve de ser individual", mas que, após essa primeira fase, "a direção ser confiada a uma *Comissão Central Permanente*, cuja organização e atribuições se definam de maneira a não dar azo ao arbítrio".

Em seguida, Kardec expõe suas idéias a respeito de como pretendia que essa comissão central atuasse, sua composição com doze membros, um presidente eleito anualmente e suas finalidades concentradas em 15 itens:

1º Cuidar dos interesses da Doutrina e da sua propagação; manter-lhe a utilidade, pela conservação da integridade e dos princípios firmados; prover ao desenvolvimento de suas conseqüências;

2º O estudo dos novos princípios, suscetíveis de entrar no corpo da Doutrina;

3º A concentração, em seu poder, de todos os documentos e informações que interessem ao Espiritismo;

4º A correspondência;

5º A manutenção, a consolidação e a extensão dos laços de fraternidade entre os adeptos e as sociedades particulares dos diversos países;

6º A direção da Revista, *que será o jornal oficial do Espiritismo e à qual se poderá juntar outra publicação periódica;*

7º O exame e apreciação das obras, dos artigos de jornais e de todos os escritos que interessem à Doutrina; a refutação dos ataques, se aparecerem;

8º A publicação das obras fundamentais da Doutrina, nas condições mais favoráveis à sua vulgarização; a elaboração e publicação das de que daremos o plano e que não teremos tempo de executar em nossa atual existência; a animação de que precisem as publicações que sejam de proveito para a causa;

9º A fundação e conservação da biblioteca, dos arquivos e do museu;

10º A administração da caixa de socorros, do dispensário e do retiro;

11º A administração dos negócios materiais;

12º A direção das sessões da Sociedade;

13º O ensino oral;

14º As visitas e instruções às reuniões e sociedades particulares que se colocarem sob o seu patrocínio;

15º A convocação dos congressos e assembléias gerais.

Naturalmente que esta estrutura deve ser analisada voltada para a época e condições em que foi concebida (1865-1869), contendo as judiciosas observações do Codificador. Mas não é nossa preocupação analisar aqui sua estrutura, mas o caráter para a qual estava sendo concebida por Kardec com a designação de **comissão central** e, por força de expressão, apresentando a idéia de ser um *centro*.

Amplitude de ação da "comissão central"

Sob o título acima, Kardec continua a exposição de suas idéias: "No princípio, um **centro** de elaboração de idéias espíritas se formou por si mesmo, sem desígnio premeditado, pela força das coisas, mas sem nenhum caráter oficial.

(...)

A constituição do Espiritismo, regularizando o estado das coisas, terá por efeito fazê-lo produzir maiores vantagens e preencher as lacunas que apresente. **O centro que essa organização criará não será uma individualidade, mas um foco de atividade coletiva, atuando no interesse geral e onde se apaga toda autoridade pessoal.**

Mas, qual será a amplitude do círculo de atividade desse "**centro**"? Destinar-se-á a reger o mundo e a tornar-se árbitro universal da verdade? Alimentar semelhante pretensão fora compreender mal o espírito do Espiritismo que, pela razão mesma de proclamar os princípios do livre exame e da liberdade de consciência, repele a idéia de arvorar-se em autocrata; logo que o fizesse teria enveredado por uma senda fatal. (...)

Fachada do C. E. "Fora da Caridade não há Salvação", de Piracicaba/SP (Foto de 1910).

    Os espíritas do mundo todo terão princípios comuns, que os ligarão à grande família pelo sagrado laço da fraternidade, mas cujas aplicações variarão segundo as regiões, sem que, por isso, a unidade fundamental se rompa; sem que se formem seitas dissidentes a atirar pedras e lançar anátemas umas às outras, o que seria absolutamente anti-espírita. Poderão, pois, formar-se, e inevitavelmente se formarão, centros gerais em diferentes países, ligados apenas pela comunidade da crença e pela solidariedade moral, sem subordinação de uns aos outros, sem que o da França, por exemplo, nutra a pretensão de impor-se aos espíritas americanos e vice-versa. (...)

    Assim acontecerá com os centros gerais do Espiritismo; serão os observatórios do mundo invisível, que permutarão entre si o que obtiverem de bom e de aplicável aos costumes dos países onde funcionarem, uma vez que o objetivo que eles colimam é o bem da Humanidade e não a satisfação de ambições pessoais. O Espiritismo é uma questão de fundo; prender-se à forma seria puerilidade indigna de grandeza do assunto. Daí vem que os centros que se acharem penetrados do verdadeiro espírito do Espiritismo deverão estender as mãos uns aos outros, fraternalmente, e unir-se para combater os inimigos comuns: a incredulidade e o fanatismo".

    Como podemos notar, nesses excertos do texto de Kardec, ele insiste no termo **"centro"** para definir a idéia de **"comissão central"**, que, na tradução do idioma francês para o português, conservou seu sentido lato e foi plenamente aceito pela comunidade espírita pioneira do Rio de Janeiro, que se mobilizou para seguir as orientações do Mestre lionês e criar o seu "centro" ou **comissão central**.

Qual a prova que temos desse fato? Sigamos adiante.

Criação do "Centro da União Spirita de Propaganda no Brazil"

Em nossas mãos, uma cópia do raríssimo exemplar de *O SPIRITISMO NO BRAZIL E EM PORTUGAL* (Notícias de todas as Aggremiações Spiritas de 1857 até hoje) — Contendo em resumo as seis obras spiritas de ALLAN KARDEC e os Estatutos do CENTRO DA UNIÃO SPIRITA DE PROPAGANDA NO BRAZIL (1896), gentilmente nos cedido pela FEB, de autoria de Angeli Torteroli, em que, como o próprio (vasto) subtítulo já diz, contém os Estatutos do "Centro da União Spirita de Propaganda do Brazil".

E o que veio a ser essa Entidade? Façamos uma breve digressão histórica.

O desencarne um tanto inesperado de Kardec deixou o movimento espírita mundial acéfalo e a idéia da "comissão central" tomou força e mobilizou os profitentes da religião nascente em torno dessa "comissão", mas todos queriam ser esse "centro diretor". Assim, os espíritas do Rio de Janeiro resolveram se organizar e criar uma Entidade com o propósito de dirigir o Espiritismo no Brasil e orientar sua propagação nos moldes propostos por Allan Kardec.

Surgiu desta maneira, em 2 de agosto de 1873, o *Grupo Confucius* repleto de idealismo e de espíritas conscientes de sua missão. Menos de três anos depois, o Grupo viria a se dissolver, segundo o historiador Canuto de Abreu, porque abrigou em seu seio "curiosos e crentes da época", ou seja, uma miscelânea de bons e maus intencionados praticantes.

Dessa primeira experiência frustrante surge outro Grupo, em 26 de abril de 1876, a *Sociedade de Estudos Espíritas Deus, Cristo e Caridade*, da qual faziam parte Bittencourt Sampaio, Cândido de Mendonça, Antonio Luiz Sayão e Angeli Torteroli, este último duramente criticado pelo historiador Canuto de Abreu. Os membros dessa Sociedade começaram a discordar ideologicamente e se dividiram em "místicos" e "científicos". Essa disputa levou a uma cisão de onde surgiu a *Sociedade Espírita Fraternidade,* dos "místicos" e a *Sociedade Acadêmica Deus, Cristo e Caridade*, dos "científicos", que passou a ser presidida pelo Dr. Francisco de Sequeira Dias.

Em 13 de setembro de ,a *Sociedade Acadêmica* criou, por meio de sua "comissão confraternizadora", um "Conselho Livre de Propaganda" ou "Conselho Permanente", que reuniria os Diretores Representantes de todos os grupos "convidados para o Congresso Spirita que quiserem fazer parte da União Spirita do Brazil". Essa comissão era formada por Carlos Joaquim de Lima e Cirne, Dr. Antonio Pinheiro Guedes, professor Angeli Torteroli, José Antonio Valdevez e Salustiano José Monteiro de Barros.

Demonstrada a intenção de firmar-se como a legítima "comissão central" e coordenadora do movimento espírita no Brasil, em 3 de outubro de 1881, a *Sociedade Acadêmica* deliberou o seguinte:

*As Sociedades e Grupos que quiserem ligar-se ao "**Centro** Geral da União Spirita do Brazil", poderão usar junto a sua denominação o número a que tiver direito, mediante a classificação cronológica pela antigüidade e em seguida o subtítulo "Luz do Brazil", afim de constituírem-se elos de cadeia formada sob o título "União Spirita do Brazil"*. (o grifo é nosso)

A data de 3 de outubro de 1881 ficou sendo considerada, portanto, a de fundação do "Centro da União Spirita de Propaganda no Brazil" e o frontispício de seus Estatutos trazia a seguinte informação: *Estatutos que foram publicados no Diário Oficial, registrados e arquivados de conformidade com a lei nº 173, de 1893, nos termos do art. 72, inciso 3º da Constituição, tendo o **Centro** da União e as Agremiações filiadas ao **Centro**, que funcionaram em qualquer localidade do Brasil adquirido capacidade jurídica afim de poderem exercer todos os atos e direitos civis.*

Chico Xavier no Grupo Espírita da Prece, fundado por ele em Uberaba/MG. A seu lado, sentado, seu filho adotivo Eurípedes Higino dos Reis.

A História do Espiritismo no Brasil registra que a idéia da *União* de criar "um **Centro**, no Rio, formado por delegados de todos os grupos" não vingou, mas em dezembro de 1883, uma plêiade de espíritas inspirados pelo Alto, formada por Augusto Elias da Silva, Major Francisco Figueira, Francisco Antonio Xavier Pinheiro, João Francisco da Silveira Pinto, Romualdo Nunes Victorino e Pedro da Nóbrega resolvem fundar, em 1º de Janeiro de 1884, a *Federação Espírita Brasileira* que, a despeito de conturbados anos iniciais, consolidando-se e pacificando-se sob a Presidência do Dr. Bezerra de Menezes, viria se tornar efetivamente a Entidade unificadora dos espíritas no Brasil. A FEB, impôs-se, portanto, como a "**comissão central**" ou o "**centro**" proposto pelos moldes de Kardec, e a terminologia "**centro**" passou a designar, incorporando o qualificativo "**espírita**", todos os agrupamentos espíritas que foram se formando posteriormente no Brasil.

Vale registrar, também, que os Estatutos do "Centro da União Spirita de Propaganda no Brazil" incorporavam todas as propostas da "comissão central" descrita por Kardec como métodos de estudo, concentração de documentos e informações de interesse do Espiritismo, Biblioteca, Museu, defesa da Doutrina, órgão de divulgação, convocação de congressos, etc...

Seus Diretores incentivavam e colaboravam na criação de outros "centros" como é o caso do registro que encontramos no já citado *Almanach de São Paulo* de Jorge Seckler (1890): **Centro Família Spirita** — *Fundado em 1º de Janeiro de 1886* — *Rua do Conselheiro Crispiniano, 11* — *Presidente, Dr. Antonio Luiz Ramos Nogueira* — *Secretário, Professor Angeli Torteroli* — *Nesta sociedade os sócios não pagam mensalidades, as despesas são feitas pela Diretoria.* Duas curiosidades históricas deste Centro, que parece ter sido o primeiro estabelecido legalmente em São Paulo: as reuniões eram abertas com exibição de uma Banda Musical (para atrair público?) e foi nesse Grupo que desenvolveu sua mediunidade o famoso Batuíra, que em 1890 se desligaria do Grupo para fundar a *Instituição Espírita Verdade e Luz*, que existe até os dias de hoje.

Conclusões

Os dicionários trazem muitas definições para a palavra "centro": ponto eqüidistante de todos os pontos da circunferência; ponto para onde convergem as coisas; fundo, interior, profundeza; parte situada no meio de uma cidade, etc. No entanto, ainda não se aperceberam, os dicionaristas, para a popularização do termo "centro", acrescido de "espírita", como o local de reuniões dos profitentes do Espiritismo. Sugerimos, pois, esse acréscimo a nossos Dicionários, tal a popularização da expressão "Centro Espírita".

Resumindo toda a argumentação de nosso artigo, podemos dizer que a denominação "Centro Espírita" surgiu a partir do próprio Allan Kardec ao idealizar uma "comissão central do Espiritismo" ou "centro que reunisse e centralizasse as atividades dos espíritas". Ao tomar as instruções do Mestre lionês como diretriz, os espíritas brasileiros usaram pela primeira vez essa expressão em 3 de outubro de 1881 ao fundarem o **"Centro da União Spirita de Propaganda no Brazil"**. Por um pequeno desvio do significado ou, se assim podemos chamar, uma corruptela no sentido conceitual do que seria um "centro", essa palavra começou a ser aplicada a outros "centros" estaduais que, por sua vez, se estenderam a todos os "centros" fundados por espíritas ou agrupamentos que se formaram para praticar o Espiritismo em todo o Brasil.

Eis, portanto, a origem do termo "Centro Espírita".

EDUARDO CARVALHO MONTEIRO é de São Paulo/SP, psicólogo por profissão, espírita desde a adolescência, e estudioso das ciências herméticas, com mais de 20 livros publicados sobre Espiritismo, maçonaria e esoterismo em geral. Faz dezenas de palestras em todo o Brasil sobre esses assuntos e, no movimento espírita, é fundador e vice-presidente da Sociedade Espírita "Anália Franco" de Eldorado, Diadema, e assessor pró-memória da USE — União das Sociedades Espíritas do Estado de São Paulo, tendo criado seu *Centro de Documentação Histórica*. Recentemente, estendeu suas pesquisas à Europa onde está levantando dados biográficos inéditos de Allan Kardec e Léon Denis na França e de outros vultos espíritas em Portugal. Amigo e freqüentador assíduo da casa de Chico Xavier desde 1972, o autor é um dos maiores conhecedores da vida e obra do mais respeitado médium de todos os tempos, agora no Mundo Espiritual.

Dentre suas atividades espíritas, foi fundador da Sociedade Espírita "Caravana da Fraternidade Jésus Gonçalves" que desde 1974 presta assistência espiritual e material a doentes de Hansen. Recentemente, idealizou a *Liga Nacional de Historiadores e Pesquisadores Espíritas*.

Alguns de seus títulos publicados: *Allan Kardec, o Druida Reencarnado; História da Dramaturgia com Temática Espírita; Motoqueiros no Além; Sala de Visitas de Chico Xavier; Anália Franco, a Grande Dama da Educação Brasileira; Batuíra, Verdade e Luz* ; etc. edumonteiro@nw.com.br

Mais que um Século
Milton Piedade Bonfante

Encontramos na cidade de São Francisco do Sul, Santa Catarina, o *Centro Espírita Caridade de Jesus*. Fundado em 21/07/1895, completou em julho, de 2002, 107 anos de atividades ininterruptas, voltadas ao estudo e à divulgação do Espiritismo, proporcionando a incontáveis pessoas necessitadas amparo material e orientação espiritual.

Sua história se assemelha à de outras casas espíritas que carregaram consigo a responsabilidade de implantar em nosso país o Movimento Espírita. Permeados de dificuldades materiais, preconceitos e inúmeras vezes de uma sensação de solidão e impotência, mas sempre com a certeza da tarefa que lhes cabia. Em contato com esta história, podemos compreender melhor os rumos do Movimento Espírita, analisados sob a luz dos fatos históricos.

Resumo histórico

Nossa história começa num pequeno sobrado da rua Marechal Floriano, esquina com a General Osório, popularmente conhecida como rua da Fonte, por causa da secular fonte carioca que se via defronte ao mesmo sobradinho e de outro velho casarão assobradado, onde residia a família Ceará. Ambos já foram demolidos e, com eles, um pouco de nossa história.

Dr. Leocádio José Corrêa, mentor espiritual do Centro Espírita "Caridade de Jesus."

A biografia de Joaquim Simplício da Silva se confunde com a história desta casa espírita centenária. Ele era natural da cidade, trabalhando como carpinteiro, filho de Simplício Manuel da Silva e Auristela da Silva, ambos também francisquenses. O casal teve outros filhos: Antonio Simplício da Silva, Simplício Manuel da Silva, Maria Auristela da Silva e Firmina Auristela da Silva.

Joaquim, em seu primeiro casamento com D. Ana da Silva, não teve filhos. Em 1876, casou-se pela segunda vez com D. Maria Cândida da Silva, viúva de Cândido Vitorino da Silva, da família Ramalho Medeiros, de Florianópolis. Era um ano de muitas dificuldades e incertezas, pois estavam em meio à primeira epidemia de febre amarela, que iria dizimar a pequena população do lugarejo.

D. Maria Cândida tivera em seu primeiro casamento cinco filhos: Pedro, Joaquim, José, Maria e Idalina. Joaquim assumiu com extrema dedicação seus novos filhos e os amparou carinhosamente. Ensinou o próprio ofício aos interessados varões, que mais tarde tornar-se-iam excelentes carpinteiros da ribeira. Quanto às duas enteadas, proporcionou-lhes a mais dedicada educação, cuja parte intelectual, consistente na educação primária — a única de que se dispunha naquele tempo — aprimorara-se com o cultivo das artes menores da renda e da confecção de flores artificiais, além da costura, a que se dedicavam profissionalmente.

Do segundo casamento, Joaquim e D. Maria tiveram uma única filha, e deram-lhes o nome de Veneranda. Maria Cândida da Silva era natural de Guaratuba, Estado do Paraná. Era de propriedade de sua família o sobrado do início de nossa história. Sua família residiu ali até a época da demolição do prédio em 1938.

Neste mesmo lar, em 21 de julho de 1895 (conforme sua Ata de Fundação) teve início as atividades do Centro Espírita *Caridade de Jesus*.

Antecedentes de sua fundação

Pouco depois da revolução de 1893, que assolara com as crueldades da guerra civil os campos do Paraná, irradiando-se por diversos pontos do litoral e do interior dos três estados sulinos, chegava a São Francisco do Sul uma dessas almas possuidoras de delicadeza moral e de verdadeiro sentimento de fraternidade.

Chamava-se Maria Amélia, uma pessoa que era descrita como criatura meiga, gentil e encantadora. Nascera na cidade da Lapa, Estado do Paraná, em 23 de maio de 1870, e casara-se com Antonio Simplício da Silva. Antonio era natural de São Francisco, telegrafista-chefe na cidade de Paranaguá. Dotado de lúcida inteligência, conhecedor da Astronomia, estudioso das Ciências Naturais e, por fim, do Espiritismo, do qual se tornou seu sincero adepto e divulgador.

A guerra civil — como já o dissemos — tivera conseqüências dolorosas em muitas localidades paranaenses. Em Paranaguá, não poucos foram os lares atingidos pela calamidade, sendo um deles o do Sr. Antônio Simplício, no qual, por mais de uma vez, pairou ameaçadora a morte, trazendo esses trágicos acontecimentos perniciosas conseqüências para todos, especialmente para a alma delicada e sensível de D. Maria Amélia.

Para afastar a esposa do teatro de tantos sofrimentos e dolorosas recordações, a fim de restituir-lhe a saúde seriamente comprometida, foi o Sr. Antônio Simplício de volta à sua terra natal, hospedando-se na casa de seu irmão Joaquim. Nesse tranqüilo e sereno lar, encontrou a enferma o ambiente afetuoso de que necessitava para o seu restabelecimento. Ali poderia se fortalecer, para retornar à sua terra de origem. Este era seu desejo e seus planos. No ambiente propício se viu de frente com um fato irrecusável: suas admiráveis faculdades mediúnicas. Pôde assim compreender melhor os sinais que lhe apontavam um futuro de trabalho e dedicação ao próximo por meio da mediunidade. Um caminho onde se cumprissem os desígnios do Mestre.

Contava São Francisco, a esse tempo, com alguns estudiosos da Doutrina dos Espíritos, dentre os quais, é justo salientar, pela firmeza de suas convicções, os ardorosos confrades: Joaquim Antônio de S. Tiago, Afonso Apolinário Doin, Cristiano Artur da Costa Pereira, Domingos Julio da Silva, Jacinto José de Souza, e outros.

Contemporâneos e amigos de Antônio Simplício aliaram-se esses confrades, para o estudo da Doutrina, tendo, assim início, na casa de Joaquim Simplício, reuniões íntimas nas quais manifestavam-se instrutores espirituais utilizando-se da mediunidade de D. Maria Amélia, com o objetivo de iniciar um número cada vez maior de adeptos no conhecimento nas causas do Mundo Espiritual.

Outros freqüentadores foram ali descobrindo suas faculdades mediúnicas. As reuniões passaram a ter maior freqüência, e dos muitos chamados, alguns puderam filiar-se sinceramente à organização que se esboçava naquelas reuniões familiares. Além dos já citados, justo é nos referirmos também às suas esposas: Clara Almeida de S. Tiago, Eugênia da Conceição Doin, Maria Cândida da Silva, Maria Augusta Nóbrega da Costa Pereira, Margarida Julia da Şilva, Genoveva Roza da Costa e Maria Carolina. Era o início de uma casa espírita que ajudaria a escrever a história de nosso movimento no século XIX. Seguindo-se aos precursores, vieram, entre outros, o pescador Emílio Neucheffer de Oliveira e sua esposa Maria Vitalina de Oliveira.

Fundação do Centro

D. Maria Amélia de Miranda e Silva, fundadora do Centro e médium de prodigiosas faculdades.

Contando com estes abnegados pioneiros da causa espírita, de que descendem, em sua maior parte, os atuais componentes da Instituição, sugeriram os guias espirituais, aos seus irmãos encarnados, a idéia da fundação de um centro de propaganda doutrinária e ação social beneficente, idéia que foi entusiasticamente aceita, sendo tomada desde logo as providências que assegurariam o êxito da iniciativa.

Adotara-se, por inspiração espiritual, o nome de *Caridade de Jesus*, tendo por orientador espiritual da nova casa o espírito do Dr. Leocádio José Corrêa. A ele caberia a incumbência de dirigir da espiritualidade os trabalhos ali realizados, inspirando e orientando os membros da entidade. Dr. Leocádio fora médico em Paranaguá, pessoa muito conhecida em todo estado do Paraná pelas suas nobres qualidades de inteligência e sentimento..

Dia 21 de julho de 1895 foi a data escolhida para a fundação do Centro Espírita "Caridade de Jesus", em solenidade pública a que compareceram pessoas de todas as classes sociais.

Ação social do Centro

Ardorosos e combativos, os espíritas fundadores da *Caridade de Jesus* desenvolveram em sua cidade uma constante ação social em prol dos necessitados tanto do corpo físico quanto do espírito, realizando sessões públicas da Doutrina, publicando folhetos de divulgação do Espiritismo e desenvolvendo inúmeras atividades em prol da sociedade. Sempre que fosse necessário saíam em defesa da Doutrina, mantendo também um órgão de divulgação dos princípios e dos ensinamentos do Espiritismo. A este periódico deram o nome de *A Revelação*.

De todas as atividades exercidas em sua origem, o *Centro Espírita Caridade de Jesus* conserva suas sessões públicas; de educação doutrinária às crianças; de assistência aos necessitados; e dispensário homeopático. Suas portas sempre estiveram abertas ao público e a Casa a eles sempre pertenceu. Desde o desencarne de seu fundador e primeiro presidente, o imóvel que abriga a entidade foi doado pela família. Exemplos como este eram comuns nos primeiros espíritas, e seus descendentes sentiam-se felizes em lhes satisfazer as recomendações em benefício da nobre causa.

Fac-símile do número 1 do Jornal *A Revelação*.

Hoje funcionam na sede da casa espírita dois grupos: *Maria Amélia*, de assistência a enfermos e *Dr. Leocádio*, de trabalhos práticos. Dispõem ainda de biblioteca.

Adeso à Federação Espírita Brasileira, manteve sempre o *Caridade de Jesus* as melhores relações com esse órgão unificador do Espiritismo no Brasil. Em outubro de 1926, quando se reuniu pela vez primeira na sede da Federação o Conselho Federativo, composto de delegados das associações espíritas federadas, pugnou denodadamente o *Caridade de Jesus* pela criação de um curso de humanidades "*destinado a iniciar o grande trabalho de remodelação o ensino*, imprescindível ao bom encaminhamento das novas gerações pelo álveo seguro das idéias e dos princípios cristãos que o Espiritismo é chamado a restaurar na sociedade humana".

Esse trabalho, que tem o número 13, está inserto nas páginas 150 a 154 da Resenha dos Trabalhos do referido Conselho, dado à publicidade em 1928. Os argumentos, invocados pelo *Caridade de Jesus*, em defesa de sua tese, acrescentou a 4ª Comissão — de assuntos relativos à instrução — o seguinte parecer:

"Em o trabalho que sob o nº 13 figura no programa do Conselho, o Centro Espírita Caridade de Jesus, de São Francisco (Santa Catarina), propugna brilhantemente a criação de um curso de humanidades, anexo à Federação Espírita Brasileira, como meio de iniciar-se o grande trabalho de remodelação de ensino, na qual se encontra um dos fatores pre-

Recordação da visita dos confrades dos Centros Espíritas "Jesus e Allan Kardec", de Joinville, e "Fé, Amor e Caridade", de Blumenau, a São Francisco do Sul em julho de 1941.

ponderantes do completo surto da civilização verdadeiramente cristã em nosso país e no mundo.

Tão grandiosa quanto feliz e perfeitamente ajustada aos mais altos objetivos da Doutrina dos Espíritos é a idéia que presidiu a elaboração do trabalho a que nos referimos e não há igualmente como negar que a sua fundamentação correspondeu de pleno a grandiosidade que assinalamos, tanto que, ao nosso ver, das de maior relevo serão as páginas que virá preencher o volume dos Anais do Conselho Federativo.

Por isso mesmo, a 4ª Comissão, que o apreciou com a atenção merecida, se julga no dever de aconselhar que este último aprove a indicação que ao mesmo trabalho serve de fecho, modificada, porém, nos seus termos, pelos motivos que passamos a expor sucintamente.

É tão grande o vulto da obra preconizada no trabalho em apreço, que por si só mostra a sua inexequibilidade imediata, quando ainda atravessávamos uma época em que o Espiritismo reclama de todos os seus adeptos sinceros e de boa vontade múltiplos trabalhos, por assim dizer — preliminares e, como tais, inadiáveis de que muito depende a sua rápida disseminação no seio da humanidade terrena.

Com o serem preliminares e de menores proporções, nem por isso esses trabalhos, alguns dos quais mal se apresentam iniciados, deixam de demandar esforços grandes, que não raro ingentes se tornam, pela circunstância de nos acharmos ainda na condição que estas palavras do Evangelho desenham: *A seara é imensa e os trabalhadores são poucos.*

Assim sendo, chamá-los para labores que exigirão agora esforços ainda maiores e que poderão ser executados, sem pena sensível, nem prejuízo de monta, em fase mais avançada da evolução natural da nossa Doutrina, seria talvez prejudicar enormemente os que a fase atual comporta, e comprometer de modo grave aquele cuja execução no presente se encomia.

Ainda mais ponderosas se tornarão estas observações, se se atentar na amplitude do programa que a Federação Espírita Brasileira, que é a quem a tese em questão defere a incumbência da criação de que ela trata, tem traçado para a sua ação, no campo da prática e da difusão do Espiritismo, na tarefa imensa que lhe toca de arregimentação das forças espíritas em torno do Evangelho e de conjunção dessas mesmas forças para o grande trabalho de consolo e esclarecimento que a Doutrina dos Espíritos nos coloca.

Atentando-se a tudo isso e mais na copiosidade dos recursos pecuniários (cogitação de que infelizmente ainda não podemos prescindir), indispensáveis a efetivação pronta da obra que o Centro Espírita *Caridade de Jesus* encarece, ver-se-á, sem que seja preciso considerar a questão sob outros aspectos, que a aprovação da indicação por ele feita, nos termos que está concebida, de nenhum modo significaria que nos havíamos colocado em véspera de ter erguido tão belo padrão de glória para a Doutrina que nos é tão cara.

Entretanto, a sugestão com que nos ocupamos é daquelas que se não podem pôr de lado, tal a sua importância, excelência e beleza, mormente quando a sua fundamentação deu azo, como no caso se verifica, a que as magnificências do Espiritismo, como fator capaz de auxiliar na regeneração do mundo, fossem arroladas em esplêndido relevo.

A 4ª Comissão, portanto, opina que o Conselho Federativo aprove a indicação formulada no trabalho nº 13 do seu programa, mas com a seguinte redação:

"O Conselho Federativo, acolhendo a indicação do *Centro Espírita Caridade de Jesus*, recomenda à Federação Espírita Brasileira, ou lhe solicita, que inclua no programa que lhe cumpre executar a criação, logo que seja possível e oportuna, de um curso de humanidades, destinado a iniciar a grande obra de remodelação do ensino, mediante a qual o espírito da juventude se prepare para os estudos superiores, sem o risco de queda ainda tão freqüente entre os homens cultos, no tremedal do orgulho e do materialismo, fontes de onde promanam todos os males atuais da sociedade terrena".

Rio de Janeiro, 6 de outubro de 1926 — Eponima O. Guimarães — Manoel Pereira Marques — Feliciano Lamenha do Rego Barros — João Nunes Ribeiro.

A conclusão deste parecer foi aprovada sem debate pelo Conselho, em sessão de 6 de outubro.

Como elemento histórico à boa compreensão deste parecer e dos intuitos da Diretoria da Federação Espírita Brasileira, segue depoimento de Antônio Simplício do *Caridade de Jesus* que era seu representante junto ao Conselho Federativo, em sua reunião de outubro de 1926:

"A elaboração de tal parecer é devida à pena do Dr. Luiz Olympio Guillon Ribeiro, àquele tempo 2º Secretário da Federação Espírita Brasileira e depois investido das funções de Presidente, cargo em que veio colher a morte libertadora dos grandes Espíritos.

Para quem deseje viver no mundo das realidades e não se contente com as simples aparências e formalidades do mundo, essa informação, dada com conhecimento de causa, é preciosa, pois indica claramente que aquele parecer não foi um simples desencargo de consciência, mas uma declaração formal dos propósitos da Diretoria da Federação, de realizar, a seu devido tempo, tão nobre aspiração dos Espíritas do Brasil. Que assim o entenda atual Diretoria da mesma entidade, é o que rogamos a Deus e suplicamos a N. S. Jesus Cristo".

Em março de 1945, o Congresso Espírita Paraná — Santa Catarina, se reuniu em Curitiba. E no dia 28 desse mês, o *Centro Espírita Caridade de Jesus*, que era um dos participantes, apresentou um projeto de "Organização do Conselho Federativo do Espiritismo no Brasil e dos Conselhos Estaduais e do Distrito Federal", nos seguintes termos concebido:

Art. 1º
O Conselho Federativo do Espiritismo no Brasil será constituído de 12 membros, que se reunirão na sede da Federação Espírita Brasileira e sob a responsabilidade da mesma, escolhidos entre os confrades que ocupam lugares de direção nas seguintes entidades: Federação Espírita Brasileira, Liga Espírita do Brasil, União Espírita Suburbana, União dos Discípulos de Jesus, Coligação Brasileira de Assistência Social, Faculdade Brasileira de Estudos Psíquicos, Cruzada Espírita Suburbana, Cruzada dos Militares Espíritas, e Sociedade de Medicina e Espiritismo, e entre os que, sem responsabilidade de direção de tais entidades, residam na Capital do País e tenham serviços à Doutrina.

Art. 2º
A esse Conselho Federativo caberá a representação e defesa do Espiritismo, perante as autoridades constituídas, em tudo que disser respeito às agremiações espíritas, cabendo-lhe idêntica representação nas relações com entidades espíritas de outros países.

Art. 3º
A sua esfera de ação junto às agremiações espíritas é a da boa orientação doutrinária, ação sempre exercida pelos órgãos diretores das instituições existentes, no Distrito

Comemoração do Cinquentenário do Centro Espírita "Caridade de Jesus" no dia 21 de julho de 1945.

Federal, que tem assento, por um dos seus Diretores, no Conselho Federativo e, nos Estados, por intermédio dos respectivos Conselhos Estaduais.

Art. 4º
As normas a adotar para essa orientação doutrinária, tanto quanto para os demais objetivos do Conselho Federativo, serão fixadas no regimento que o mesmo Conselho organizar.

Art. 5º
Não haverá cargos especificados de Presidente, Secretário, etc., no Conselho Federativo. Em suas reuniões caberá a presidência, indistintamente, a um dos conselheiros, na ocasião indicado pelos seus pares, o qual convidará um dos presentes para secretário, sendo todos os atos decorrentes das deliberações do Conselho, expedidos sempre em nome da mesma entidade. Tais funções, mediante rodízio, serão desempenhadas por todos os membros do Conselho, assim, fraternalmente reunidos e trabalhando no mesmo pé de igualdade.

Art. 6º
Os Conselhos Estaduais terão sua sede nas Capitais dos Estados, constituindo-se pela mesma forma do Conselho Federativo do Espiritismo no Brasil, e os seus membros, em número de 12, serão indicados segundo o critério que possa melhor corresponder à efetiva representação das entidades espíritas existentes no Estado, devendo ser adotado para os mesmos um regimento idêntico ao do Conselho Federativo, com as modificações impostas pelo seu menor âmbito de ação e pelos seus deveres para com o Conselho Federativo.

O aludido Congresso resolveu aceitar esse projeto do *Caridade de Jesus*, votando unanimemente a seguinte proposição:

"O Congresso Espírita do Paraná — Santa Catarina, tomando conhecimento da tese apresentada e defendida em plenário pelo Centro Espírita Caridade de Jesus, de São

Francisco do Sul, Santa Catarina, visando incentivar a propaganda da Doutrina e o estabelecimento de um organismo de ação no seio da Família Espírita Brasileira, mas reconhecendo que o projeto de resolução nela contido sob a forma de um Conselho Federativo está acima da alçada do Congresso Regional, julga, todavia, aconselhável que seja ela apreciada imediatamente pelas instituições nela mencionadas, e, em última análise, pelo Congresso Espírita Nacional, que deverá reunir-se oportunamente no Rio de Janeiro".

(V. Mundo Espírita, de 21 de abril de 1945)

Diante da situação controversa dentro do movimento Espírita Brasileiro, recolhemos as impressões de Antônio Simplício:

"Sempre este *mas* protelatório! Entretanto Jesus nos advertiu: Quem pega no arado e olha para trás, não é digno de trabalhar na minha seara...

Mas ... que fazer, se a culpa é de todos nós! Mea culpa, mea culpa, mea máxima culpa! Que Deus nos perdoe e que Jesus possa mandar mais resolutos trabalhadores para o arroteamento da sua seara. Do nosso estado de Espírito é sinal evidente o que em carta de 20 de abril de 1945, sobre o aludido projeto, escrevia a um dos signatários, o nosso velho companheiro e esforçado escritor espírita Manuel Quintão: *Quanto ao mérito intrínseco do seu trabalho, vale dizer que o apreciei pela nobreza das intenções, e, encarado sob este prisma, nada há que objetar. As boas idéias, como sementes, nunca se perdem inteiramente, mas precisam do tempo para germinar. Quando poderemos ceifar o joio sem sacrificar o triga?*

Abstemo-nos de juízo crítico. Expomos os fatos".

MILTON B. PIEDADE é de São Paulo, casado, 47 anos, 8 filhos, empresário, trabalha profissionalmente com Artes Cênicas.

Expositor Espírita e colaborador da *Federação Espírita do Estado de São Paulo* no Departamento de Artes Cênicas. Articulista dos Jornais *O Trevo, O Semeador e Jornal Espírita*. Co-Fundador do C. E. *Plantio de Amor* em Osasco e da Entidade Espírita *Irmã Teresa* na Favela da Vila Prudente de São Paulo. Co-Fundador e Coordenador do Grupo *Filosofia Espírita* na Internet. Administrador e Moderador da *Liga Nacional dos Historiadores e Pesquisadores Espíritas*. Assessor *do Centro de Documentação Histórica da USE.* milton@bonfante.com.br

História Ilustrada do Espiritismo

Sinézio Augusto Griman

Tudo começou em Lyon, diriam os mais afoitos. Foi lá que nasceu Denizard-Hippolyte-Léon Rivail, futuramente auto-cognominado Allan Kardec, codificador da Doutrina Espírita. Mas sabemos que Lyon, França, foi apenas uma etapa de vasto planejamento da evolução religiosa da humanidade, que marcou a reencarnação do grande missionário destacado para anunciar a Terceira Revelação.

E teve prosseguimento em Paris, em meio a seus *Boulevards* e *Cafès* repletos de grandes gênios da pintura, da música, da literatura, da ciência... Pasteur, Chopin, Victor Hugo, Auguste Vacquerie, Camille Flammarion, Eugène Nus... Paris com seus salões de intelectuais discutindo cultura, enquanto se divertiam fazendo as mesas girarem...

Transportemo-nos para Paris do século XIX. Respiremos seus ares bucólicos, esbarremos com Victorien Sardou apressado pelas paisagens do Palais Royal, penetremos na memória da Rue de la Granje Batelière, cenário da primeira sessão espírita presenciada pelo professor Rivail. Não nos esqueçamos de visitar a Sra. Plainnemaison à Rue Rochechouart para conhecer as jovens irmãs Baudin. Parada obrigatória na Rue des Martyrs, não sem antes cumprimentar a elegante vendedora de flores da Rue Tiquetonne.

A emoção maior iria estar na Galerie D'Orleans, no Palais Royal, onde as mãos trêmulas do Codificador apertaram pela primeira vez, na

Livraria de Monsieur Dentu, *O Livro dos Espíritos*. A jornada prossegue. As pedras tumulares estavam falando, conforme prometera o Mestre. Rue de Lille, Passage Sainte-Anne, Vila Sègur, tudo respira a história do Espiritismo.

Depois de ter resplandecido lá no alto, é hora da estrela recolher-se. Montmatre é o primeiro pouso. Père-Lachaise, o definitivo. De lá, a luz continua a irradiar-se. Na *Mansão Druídica dos Mortos*, Allan Kardec está mais vivo do que nunca. O Espiritismo esparge a sua luz e consola a Humanidade sofredora. Morte é Vida. NAITRE, MOURIR, RENAITRE ENCORE ET PROGRESSER SANS CESSE TELLE EST LA LOI...

Sinézio Augusto Griman é de Volta Redonda/RJ, casado, dois filhos, projetista trabalhando na CSN, aperfeiçoando-se em artes gráficas e de computação; emérito pesquisador, espírita praticante desde 1971, mantém o site de informações históricas do espiritismo na Internet. sineziog@yahoo.com.br

1804

Rue Sala

Allan Kardec, pseudônimo de Hippolyte-Léon Denisard Rivail nasceu em Lyon, na França, no dia 3 de outubro de 1804.

Allan Kardec
Certidão de nascimento
3 de outubro de 1804

Allan Kardec
Certidão de óbito
31 de março de 1869

Rua Central
Cidade de Lyon — Século XIX

Estação Lyon Perrache
Cidade de Lyon — Século XIX

História Ilustrada do Espiritismo

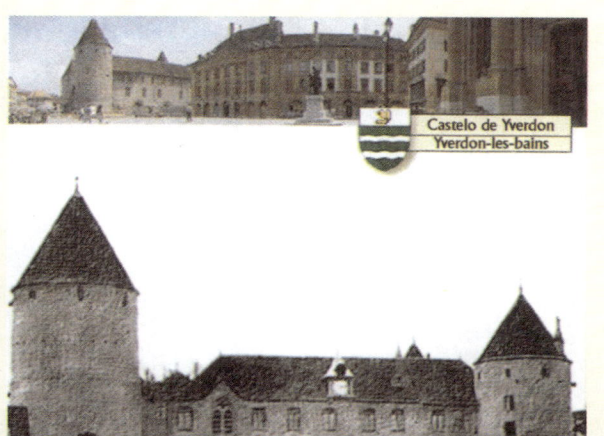

1815
Yverdon

Em 1815, Rivail é enviado pelos pais ao Instituto de Yverdon, na Suíça, sob a responsabilidade de João Henrique Pestolozzi.

1823
5.ᵐᵉ Arrᵗ Rue De La Harpe

No ano de 1823, Rivail residia em Paris na rua de la Harpe, 117

1826

5.⁷ᵐᵉ Arrᵗ
Rue De Sèvres

Surge em Paris, à rua de Sèvres, nº 35, o "Instituto Rivail", em 1826, que era um Instituto Técnico.

1828

Rue de Vaugirard

No ano de 1823, Rivail publica o "Plan proposé pour l'amélioration de l'education publique". Residia nesta época à rua de Vaugirard, nº 65.

Allan Kardec,
aos 25 anos

Condutor de ônibus
Cotidiano de Paris —
Século XIX

Amélie-Gabrielle Boudet
(N)23/11/1795 — (M)23/01/1883

Certidão de casamento
9 de fevereiro de 1832

Quiosque no jardim
Cotidiano de Paris —
Século XIX

1855

9.ᵉ Arrᵗ
Rue De La Grange Batelière

Em 1855, Kardec vai a casa da Sra. Plainemaison, na rua Grange-Betelière, nº 18, onde presenciou pela 1ª vez o fenômeno das mesas girantes.

1855

9.ᵉ Arrᵗ
Rue De Rochechouart

Em 1855, Rivail passou a freqüentar as sessões na casa da família Baudin, então residente à rua de Rochechouart.

1856

2.ᵐᵉ Arrᵗ
Rue Tiquetone

Em 1856, Rivail freqüentava as sessões na casa do Sr. Roustan e senhorita Japhet, na rua Tiquetone.

1856

9.ᵉ Arrᵗ
Rue Des Martyrs

Em 25 de março de 1856, Rivail toma conhecimento da existência do seu guia espiritual, cujo nome era "Verdade", através da médium Sta. Baudin. Nessa época, Rivail morava na rua dos Mártires, 8.

História Ilustrada do Espiritismo

1857

Galerie D'Orléans

A primeira edição francesa de *O Livro dos Espíritos* foi lançada no nº 13 desta galeria em 18 de abril de 1857.

1858

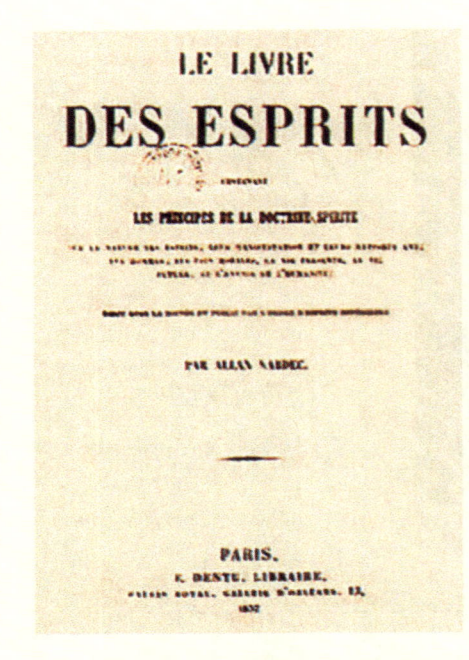

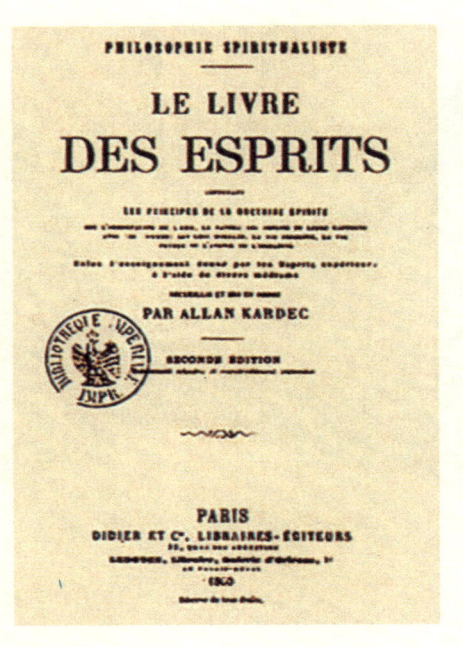

Galerie De Valois

Em 1º de abril de 1858, Kardec fundava em Paris a Sociedade Parisiense de Estudos Espíritas, que funcionou inicialmente na Galeria de Valois — Palais Royal.

1858

"Apressei-me a redigir o primeiro número e fi-lo circular a 1º de janeiro de 1858, sem haver dito nada a quem quer que fosse. Não tinha um único assinante e nenhum fornecedor de fundos. Publiquei-o correndo eu, exclusivamente, todos os riscos e não tive de que me arrepender, porquanto o resultado ultrapassou a minha expectativa."

(Allan Kardec, Obras Póstumas)

A Revista Espírita é criada por Allan Kardec, situada na rua dos Mártires, nº 8. E em 1º de janeiro de 1858 sai o primeiro número. Seu 1º gerente foi Pierre Gaétan Leymarie.

1859

Galerie Montpensier

Em 1859, a Sociedade Parisiense de Estudos Espíritas realizou suas Sessões na Galeria Montpensier nº 12 no Palais Royal.

1860

2.ᵉ Arrᵗ⁻
Rue Sainte Anne

Em 1860, a Sociedade Parisiense de Estudos Espíritas e a Revista Espírita passam a ter um novo endereço: rua Sainte Anne, Passage Sainte Anne, 59, Domicílio particular de Kardec.

Carregadora de pão
Cotidiano de Paris — Século XIX

1862

Villa De Ségur

Projeto de Comunidade Espírita por Allan Kardec (Fragmentos de escritos póstumos — 1862)

Recuperação de porcelana
Cotidiano de Paris — Século XIX

...Ele morreu esta manhã, entre onze e doze horas, subitamente, ao entregar um número da *Revue* a um caixeiro de livraria que acabava de comprá-lo; ele se curvou sobre si mesmo, sem proferir uma única palavra... Paris, 31 de março de 1869.

1869

Cemitério de Montmatre

"...O carro fúnebre seguiu pela rua de Grammont, atravessou os grandes "boulevards", a rua Laffite, Notre-Dame-des-Lorrettes, a rua Fontaine, as avenidas exteriores de Clichy, e penetrou no Cemitério de Montmartre, em meio a multidão que o seguia..."

E. Muller

Em 31 de março de 1869, desencarnava Allan Kardec, na Passage Sainte Anne, no nº 59. Ao meio-dia de 2 de abril, foi Sepultado no Cemitério de Montmatre.

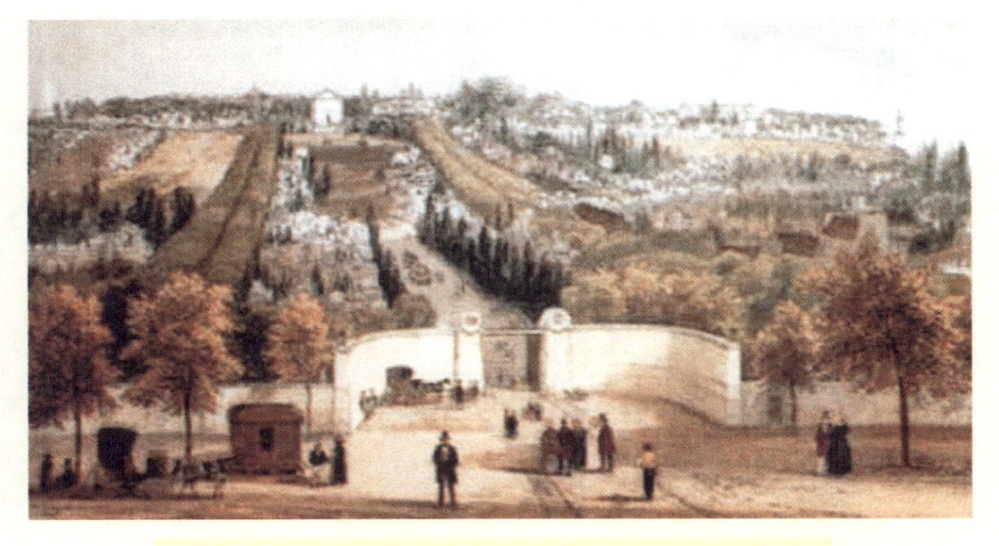

Cemitério de Père-Lachaise
29 de março de 1870

Père-Lachaise

Vendedora de flores
Cotidiano de Paris
— Século XIX

Père-Lachaise

Em 31 de março de 1870, às duas horas tarde, os espíritas inauguravam o Monumento Dolmênico, levantado em memória de Allan Kardec.

Presença do Espiritismo no Universo Filatélico
1ª parte

Washington Luiz Nogueira Fernandes

timologicamente, tem sido admitido que a palavra Filatelia procede do grego *philos* (amigo), e *ateléia* (isenção de impostos, gratuitamente), entendido que, historicamente, uma carta de porte gratuito recebia, em vários países, um carimbo "grátis", "isento", prática que paulatinamente foi substituída pelo selo postal.

Na Europa, o serviço postal começou no final do século XVI, mas o selo, propriamente dito, somente apareceu na Inglaterra, começando a circular em 06/05/1840. Registre-se que, precursoramente, em 1819, na Sardenha, os *cavallini* ou *cavalloti* iniciaram um serviço particular para entrega de correspondência, com papel e timbre próprios, com um cavalo montado em um gênio, que fazia soar uma trombeta, mas aqui carta e franquia não eram ainda separáveis.

A partir de 1840, após a iniciativa inglesa, vários países passaram a emitir selos e o Brasil foi o segundo ou terceiro país do mundo, e o primeiro da América, a emitir selo postal, em 01/08/1843, por decreto assinado por D. Pedro II (1825-1891), tendo o primeiro selo ficado conhecido com o nome de *olho de boi*. Nos EUA, o primeiro selo só foi emitido em 1845, em algumas circunscrições, e só em 1856 se tornou obrigatório em todo o país.

Pode-se dizer que a Filatelia, como hábito de colecionar metodicamente os selos, e o estudo dos diversos tipos de estampilhas (lâmina ou chapa de metal destinada a estampar) se originou quase simultaneamente com os próprios selos pois, em 1841, também em Londres, foi publicado no jornal *Times* o anúncio de uma jovem, que pedia a oferta de selos do correio para juntar aos 16 mil que já havia recolhido, e com os quais desejava decorar seu quarto. Naturalmente, no início, a Filatelia restringia-se a acumular selos mas, com o tempo, tornou-se um passatempo, um investimento, uma arte e, atualmente, também uma ciência, de interesse recreativo, cultural, educativo, histórico e também comercial. Além dos selos, o universo da Filatelia é constituído também pelas obliterações, que são os carimbos do correio.

Tipos de Selos, Coleções e a Temática

Os selos podem ser classificados em comuns e ordinários, comemorativos, aéreos, oficiais, beneficentes, propagandísticos, pré-obliterados, para impressos (jornais, livros, etc.), para cartas registradas, expressas, devolvidas, dilaceradas, para via ferroviária, telefônica, pneumática, etc. No Brasil, os selos mais comuns são comemorativos, propagandísticos e beneficentes.

Com relação ao formato, os selos geralmente são retangulares, triangulares, quadrados, circulares, em losango, etc, recentemente aparecendo também em terceira dimensão. Como curiosidade, na Colômbia foi emitido um dos menores selos do mundo e, na então Rússia, o maior deles, comemorativo da conquista espacial soviética, em 1962.

O colecionismo esbarrou, como primeira dificuldade, no aumento rápido e substancial do número de emissões de cada país e, com os novos países que foram surgindo, esse tipo de coleção tornou-se muito dispendioso e praticamente impossível (hoje o número de selos no mundo é superior a 200 mil). Surgiram então as coleções específicas, por país, tipos de selos, região, e até de erros filatélicos, sempre uns dos mais procurados. A partir da década de 1960, teve início a especialidade temática, ou coleções por tema, quase que uma revolução na Filatelia, logo surgindo temas como esportes, fauna, flora, medicina, religião, pintura, heráldica, música, homens célebres, brasiliana, mapas, bandeiras, astronáutica, e naturalmente, uma infinidade de outros temas, como a temática espírita. Importante, neste sentido, o suporte de textos explicativos, pesquisas históricas, etc. No início, os filatelistas clássicos se opuseram a esta nova modalidade, achando que a nova prática iria desvirtuar o colecionismo, mas o tempo deu seu veredicto, e a cada dia surgem novos temas, especializando, difundindo, enriquecendo e em muito desenvolvendo o universo filatélico.

As sociedades filatélicas e as publicações

A primeira publicação periódica especializada ocorreu na França, em 1861, sob o título *Catalogue de Timbres-Poste* (Catálogo de Timbres Postais) e, em seguida, o *Manuel du Collectionneur de timbres-poste* (Manual do Colecionador de timbres postais); em Liverpool, em 1863, surgiu o *The Stamp Collector's Review and Monthly Advertiser* (Revista Coletora de Estampilhas e Anunciante Mensal), seguindo-se outras publicações na Bélgica, Leipzig, etc. Atualmente, muito importantes são as publicações filatélicas de França, EUA, Portugal, Espanha e Itália, etc.

Na França, em 1865, foi fundada a primeira associação filatélica, a *Société Philatélique* (Sociedade Filatélica) e, em 1910, tais sociedades contavam-se em mais de 800, em todo o mundo. A partir de 1945, após a Segunda Guerra Mundial, ocorreu um verdadeiro *boom* mundial destas sociedades e, há alguns anos, a UNESCO avaliou em cerca de 10 milhões o número de filatelistas no mundo, dos quais mais de três milhões são dos EUA. Destacam-se a *Royal Philatelic Society of London* (Sociedade Real Filatélica de Londres) *e a American Philatelic Society* (Sociedade Americana Filatélica), ambas criadas ainda no século passado. Em 1926, foi criada a *The International Philatelic Federation* (Federação Internacional Filatélica) e, no Brasil, as primeiras sociedades filatélicas foram criadas em fins do século dezenove. Em 1971, foi fundada a ABRAFITE (Associação Brasileira de Filatelia Temática), que edita a revista *Temática, Filatelia e Cultura,* a principal do Brasil, que goza de prestígio internacional, existindo atualmente mais de 75 instituições filatélicas em nosso país, sendo 66 delas associadas à Federação Brasileira de Filatelia.

Os valores comerciais

Um dos selos mais altamente cotados no mercado filatélico mundial, por ser único, é o *carmesim escuro*, da Guiana Inglesa, de um cent, emitido em 1856. Seu valor chega a vários milhões de dólares, devendo estar em propriedade de um consórcio americano. Quando é exposto, exige a mobilização de um exército de segurança. Por razões como essas, hoje a Filatelia chega a ser parte considerável no orçamento de alguns países, como é o caso de Mônaco e São Marino. Um dos mais famosos colecionadores do mundo foi Geoge V (1865-1936), do Reino

Unido, cuja coleção atualmente é propriedade da Rainha Elizabeth II, acervo esse considerado um dos mais valiosos, como também a do Museu Britânico. No Brasil, uma das mais importantes coleções pertenceu ao engenheiro e empresário carioca Guilherme Guinle (1882-1960). O valor a que pode chegar um selo varia em função de vários fatores, como tiragem, época, técnica e outras várias circunstâncias, principalmente a conhecida lei de oferta e procura, que faz com que o selo possa atingir valores de grande monta. Como é natural, isto originou um comércio específico, de pessoas que vivem para comprar ou vender selos. Como não é difícil imaginar, a histórica filatélica registra inúmeros casos de falsificações de selos. Destaca-se, em 1922, na Califórnia, um caso que alcançou grande repercussão, quando o juiz John Perry Wood condenou um comerciante a devolver os 65 mil dólares que recebera na venda de uma série de selos falsos do Havaí, mais as custas processuais, o que funcionou como um verdadeiro marco judicial na Filatelia, protegendo sua movimentação comercial e seus compradores.

Selos e Obliterações Espíritas no Brasil

Procuramos a Empresa Brasileira de Correios e Telégrafos, a fim de resgatar, em nível Brasil, os registros filatélicos (selos e carimbos) relacionados ao Espiritismo, contando com a valiosa ajuda da amiga Maria Conceição Vitor. Por meio de vários contatos, viemos a conhecer um *Catálogo de Selos Espíritas do Brasil*, realizado em 1972 pelo sr. Mário Duprat Fiuza, o primeiro no gênero, o qual os caros confrades filatelistas nos obsequiaram uma cópia, e onde constam seis selos espíritas, já que ele incluiu o do 1º Centenário de Nascimento de Luiz de Mattos (1860-1926), comerciante português que fixou residência no Brasil, com atuação também na área de benemerência. Em verdade, o sr. Luiz de Matos é o fundador do Racionalismo Cristão, doutrina espiritualista de fundamentos próprios, os quais não se podem classificar propriamente espíritas e, apesar de terem alguns pontos doutrinários comuns, não o incluiríamos no rol de selos espíritas.

O primeiro selo espírita no Brasil, aliás o primeiro no mundo que se tem notícia, foi do centenário da codificação do Espiritismo, emitido em 18 de abril de 1957, cor bistre, desenhista Bernardino Silva Lancetta, sob iniciativa da Federação Espírita Brasileira, tiragem de 5 milhões; em 18 de abril de 1964 foi emitido o selo de 1º Centenário de *O Evangelho Segundo o Espiritismo*, tiragem de 5 milhões de exemplares, cor verde, desenhista Bernardino Silva Lancetta; em 1965, selo do 1º Centenário de Nascimento do jornalista paranaense Leôncio Correia (1865-1950), que presidiu o 1º Congresso Brasileiro de Jornalistas e Escritores Espíritas, em 1939, no RJ, com tiragem de 5 milhões, cor verde-escuro, desenhista Alberto

Lima; em 31 de março de 1969, selo do Centenário da Desencarnação de Allan Kardec (1804-1868), fundador do Espiritismo, tiragem de 2 milhões, cor verde e sépia, desenhista Bernardino da Silva Lacerda; e em 26 de julho de 1969, selo do 1º Centenário da Imprensa Espírita do Brasil, em virtude do periódico baiano *Eco d'Além Túmulo,* criado por Luís Olímpio Teles de Menezes (1825-1893), tiragem de um milhão de exemplares, cor verde-alaranjado, desenhista Bernardino da Silva Lancetta.

Carimbos espíritas

Consta ter sido feito em 1940, o primeiro carimbo espírita no Brasil, por ocasião da 1ª Exposição de Jornais, Revistas e Obras Espíritas, realizada em Porto Alegre/RS, seguido do carimbo do Centenário da Codificação Espírita, em 1957, Rio de Janeiro e, até hoje, somam-se dezenove o número de carimbos, tendo sido os dois últimos feitos em 1997, quando da inauguração do Museu Espírita de São Paulo, em 18 de abril, e outro em Aracaju, 27 de março, no Cinqüentenário de Oratória Espírita do médium baiano Divaldo Pereira Franco, o maior orador do Espiritismo de todos os tempos.

Conseguimos cópia de todas as obliterações espíritas, exceto duas (a de Porto Alegre, em 1940, e uma de Salvador/BA), as quais temos tentado conseguir, contactando as Federações Espíritas destes Estados, bem como instituições filatélicas, mas até agora não obtivemos sucesso.

Assim, ficam consignados os registros e homenagem à temática filatélica espírita, enriquecendo este universo cultural ...

Selos e obliterações espíritas

Selos:

1 — O primeiro selo espírita no Brasil, aliás o primeiro no mundo que se tem notícia, foi do centenário da codificação do Espiritismo, emitido em 18 de abril de 1957, cor bistre, sob iniciativa da Federação Espírita Brasileira, tiragem de 5 milhões;

2 — Em 18 de abril de 1964 foi emitido o selo de 1º Centenário de *O Evangelho Segundo o Espiritismo,* tiragem de 5 milhões de exemplares, cor verde;

3 — Em 1965, selo do 1º Centenário de Nascimento do jornalista paranaense Leôncio Correia (1865-1950), com tiragem de 5 milhões, cor verde-escuro;

4 — Em 31 de março de 1969, selo do Centenário da Desencarnação de Allan Kardec (1804-1868), fundador do Espiritismo, tiragem de 2 milhões;

5 — Em 26 de julho de 1969, selo do 1º Centenário da Imprensa Espírita do Brasil, em virtude do periódico baiano *Eco d'Além Túmulo,* criado por Luís Olímpio Teles de Menezes (1825-1893), tiragem de um milhão de exemplares;

Carimbos:

1. 1º Centenário da Codificação do Espiritismo, 18/04/1957
2. 1º Centenário da Desencarnação de Allan Kardec — 31/03/1869 — 1969
3. 1º Congresso Espírita Mundial, 05/10/95
4. 50 Anos da Mocidade Espírita de Bebedouro — 11 a 17/07/81
5. 50 Anos de Oratória Espírita, I Congresso Espírita de Sergipe — 27 a 30/03/1997
6. Cem anos de Imprensa Espírita no Brasil, 26 a 29/07/1869 — 1969
7. Centenário da Federação Espírita Brasileira — 2 a 6/01/84
8. Centenário do *Evangelho Segundo o Espiritismo*, 18 a 25/04/1964
9. Centenário do *Reformador* — 21 a 27/91/1883 — FEB — 1983
10. IX CONBRAJEE — Congresso Brasileiro de Jornalistas e Escritores Espíritas, 18 a 21/04/1986
11. Congresso Internacional do Espiritismo, 1 a 5/10/1989
12. Federação Espírita do Estado do Espírito Santo, 70 Anos — 27/03 a 02/04/1991
13. Grupo Familiar de Espiritismo — Primeira Sociedade Espírita do Brasil — 1865-17/09/1965
14. Inauguração do Museu Espírita de São Paulo, 18/04/1997
15. VI Congresso Brasileiro de Jornalistas e Escritores Espíritas, 15 a 18/04/1976
16. USE 40 Anos — 14 a 20/04/1987
17. VIII Congresso Brasileiro de Jornalistas e Escritores Espíritas — Homenagem a Bezerra de Menezes, 17 a 21/04/1982

Faltam:
— uma de Porto Alegre
— uma de Salvador/BA

Presença do Espiritismo no Universo Filatélico   215

Estampas dos cinco selos espíritas brasileiros

Carimbos

1 — 1.º Centenário da Codificação do Espiritismo

2. 1º Centenário da Desencarnação de Allan Kardec

3. 1º Congresso Espírita Mundial

4. 50 Anos da Mocidade Espírita de Bebedouro

5. Divaldo Franco — 50 Anos de Oratória Espírita

Presença do Espiritismo no Universo Filatélico 217

6. Cem anos de Imprensa Espírita no Brasil

9. Centenário do Reformador

7. Centenário da Federação Espírita Brasileira

8. Centenário do Evangelho Segundo o Espiritismo

10. IX Conbrajee — Congresso Brasileiro de Jornalistas e Escritores Espíritas

11. Congresso Internacional do Espiritismo

12. Federação Espírita do Estado do Espírito Santo — 70 anos

13. Grupo Familiar de Espiritismo — Primeira Sociedade Espírita do Brasil

Presença do Espiritismo no Universo Filatélico 219

14. Inauguração do Museu Espírita de São Paulo

16. USE 40 Anos

CARIMBO COMEMORATIVO DE 1976

15. VI Congresso Brasileiro de Jornalistas e Escritores Espíritas

E. B. C. T.

17. VIII Congresso Brasileiro de Jornalistas e Escritores Espíritas — Homenagem a Bezerra de Menezes.

218
Allan Kardec e o Espiritismo

Carlos Alberto Ferreira

2ª parte - Exterior

Lyon, a terra natal

Allan Kardec no primeiro selo espírita emitido no Mundo.

Lyon, a cidade mártir dos primeiros cristãos, viria a ser 18 séculos depois — **3 de outubro de 1804** —, o berço de Allan Kardec, o Codificador do Espiritismo — o **Cristianismo Redivivo**.

Presença do Espiritismo no Universo Filatélico 221

Pestalozzi, o mestre

Após os primeiros estudos feitos em Lyon, foi enviado pelos pais, o juiz Jean Rivail e Jeanne Duhamel, para o renomado Instituto Yverdon, na Suíça, fundado e dirigido pelo célebre professor-filantropo, Johann Heinrich Pestalozzi (Zurique, 1746 — Brugg, 1826), fundador de escolas, educador por excelência, um dos pais da pedagogia moderna.

Sobrecarga "BIÉ"

Pestalozzi foi um apaixonado educador de crianças pobres e ricas, de órfãos e filhos da elite européia; de outros educadores, discípulos seus, e de filósofos e homens eminentes, que seguiram seu exemplo e suas doutrinas. Teorizou e demonstrou que a partir do elo efetivo que se cria entre educador e educando, baseado evidentemente na dedicação, é que se desenvolve um processo pedagógico eficaz, em que ambos crescem espiritualmente.

O mestre, suas crianças e o meio ambiente

O pré-advento do Espiritismo

Foi em Paris, no ano de 1854, a primeira vez que o sábio de Lyon ouviu falar das "mesas falantes". Mas só em maio de 1855 que se dispôs a assistir ao inusitado fenômeno, e mesmo assim, após reiteradas insistências amigas, na casa fidalga da Senhora De Plainemaison, também em Paris, rua Grange-Batelière, 18.

A célebre "gueridon" a mesinha "pé-de-galo", também designada por "mesa falante" ou "girante", de que os Espíritos se serviram para chamar a atenção dos homens.

A partir dessa data iniciaria o estudo exaustivo e perseverante, que desmistificaria os fenômenos que confundiam e perturbavam o homem ao longo das eras, culminando, em Paris, com a codificação do Espiritismo, cumprindo-se assim a promessa evangélica da vinda do Consolador prometido (João XIV).

Uma família da Ilha da Reunião

O sr. Baudin era um fazendeiro e industrial, natural e residente na Ilha da Reunião (Índico Ocidental); proprietário de canaviais (açúcar) e cafezais, cujo produto era exportado para a metrópole.

Num dia de 1853, com a sua esposa Clementine e suas jovens filhas: Caroline (14 anos) e Julie (12 anos), assistiria pela primeira vez em Saint-Paul, em casa de amigos, ao inusitado fenômeno da *guéridon*, tão em voga na época e que já chegara à remota Ilha. Em tal reunião, a mediunidade da esposa e das meninas manifestar-se-ia de forma patente.

Depois, com regularidade, passaria a reunir-se em sua casa na fazenda, onde se comunicaria um Espírito que se dizia protetor da família e esconderia sempre a sua identidade, e que Clementine apelidaria de Zéfiro...

... como que evocando os ventos que sopravam constantemente de forma suave, durante todo o sono, ora descendo das montanhas, carregando os aromas dos cafezais e da floresta, ora subindo as encostas, trazendo o aroma da maresia e os odores melosos que emanavam das fábricas de açúcar.

Presença do Espiritismo no Universo Filatélico 225

 Um dia Zéfiro diria que estava perto o dia de reencontrarem o seu chefe, em Paris, de nome Allan Kardec. O que confundiu a família, pois não pensava em deixar a Ilha, para além de acharem aquele nome muito estranho. Pensavam que o Espírito estava a brincar, como muitas vezes era seu hábito e não ligaram mais ao assunto.

 Mas, em 1855, a família Baudin rumaria mesmo a Paris, onde ficaria por cerca de três anos, a convite do Governo de sua Majestade, que estava interessado em ouvir a opinião de alguns produtores coloniais a respeito da concorrência do café e açúcar brasileiros que aumentava dia a dia, e também por motivo de negócios. Permanência esta que iria ser determinante para a elaboração de O Livro dos Espíritos e, portanto, para o nascimento do Espiritismo.

Quando, onde e como nasceu o Espiritismo

O Espiritismo nasceu em 18 de abril de 1857, em Paris, com a publicação de *O Livro dos Espíritos*, por Allan Kardec. O próprio vocábulo "Espiritismo" foi criado pelo Codificador com este livro, como poderemos verificar logo no primeiro item da sua Introdução, para assim distinguir a nova doutrina — "Sabedoria dos Espíritos Superiores" — das restantes doutrinas espiritualistas.

Paris — a cidade-luz — foi o berço do Espiritismo

Primeiro selo postal, com motivo espírita, emitido no Mundo.
Unua postmarko pri spiritisma temo eldonita en la mondo.
Voici le premier timbre-poste qui ait été émis au Monde avec un motif spirite.
First stamp ever printed in the World to honour Spiritism.
Primera estampilla postal con motivo espiritista emitida en el Mundo.
Erste Briefmarke in der Welt mit einem Motif des Spiritismus.
Il primo francobolio a soggetto spiritista nel mondo.

A primeira marca postal com tema especificamente espírita, emitida no Planeta. O livro aberto que integra tanto o selo como o carimbo, simboliza "O Livro". Integram, ainda, o carimbo as palavras "Deus — Cristo — Caridade —, que constituem a bandeira da Federação Espírita Brasileira

Quem foi o autor do Espiritismo?

O autor não, autores. Os Espíritos que animaram personalidades determinantes na História da Humanidade, sob a égide de um Espírito que utilizou o nome alegórico de "A Verdade", — guia de Kardec — voltaram através da mediunidade das meninas Baudin e Japhet, para reorientarem o pensamento humano e, assim, rumarmos de forma consciente ao nosso destino, a perfeição. Eles é que são os verdadeiros autores da nova doutrina.

Franklin (1706-1760)
S. Agostinho (354-430)
Swedenborg (1688-1772)
São Luís (1215-1270)
Platão (427 a.C.-347 a.C.)
Fénelon (1651-1715)
Sócrates (470 a.C.-399 a.C.)
João, o evangelista (séc. I)
Vicente de Paulo (1581-1660)

Estes são alguns dos autores de *O Livro dos Espíritos*, constituído por 1.019 questões — que tocam todos os ramos do saber — postas por Kardec aos mesmos e respondidas pela psicografia indireta das meninas.

A Sociedade Parisiense de Estudos Espíritas

A Sociedade Parisiense de Estudos Espíritas foi a primeira instituição espírita que surgiu no Mundo. Fundada no dia 1º de abril de 1858, por Allan Kardec, ficou instalada nos dois primeiros anos no célebre Palais Royal; no primeiro ano na galeria Valois e no segundo na galeria Montpensier, antes de se instalar em local próprio, na rua e passagem Sainte Anne, 59.

Palais Royal

São Luís foi o mentor espiritual da famosa Sociedade que Allan Kardec dirigiu. Este nobre Espírito serviu-se amiúde da mediunidade de uma jovem de 14 anos, a senhorita Ermance Dufaux — lídima continuadora das meninas Baudin —, para deixar instruções de elevado teor moral e filosófico, revelando grande saber e bom senso. As suas instruções sobre a mediunidade também foram determinantes para a compreensão do fenômeno.

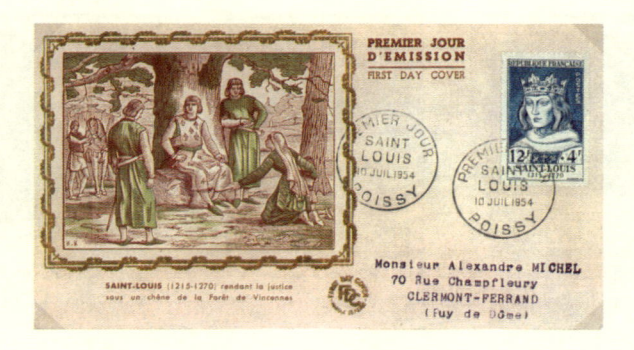

Os seus estatutos, ainda hoje, servem de modelo aos Centros Espíritas bem orientados. (acima, sobrescrito circulado com o carimbo "Saint Louis", 1º dia, de Poissy).

O Livro

Este livro contém unicamente *o ensino moral do Cristo*, não tocando nas outras quatro partes dos Evangelhos que sempre foram polêmicas: 1º) os atos comuns da vida de Jesus; 2º) os milagres; 3º) as profecias; 4º) as palavras que serviram para o estabelecimento dos dogmas das Igrejas.

Ao lado, carimbo do primeiro dia de circulação de São Paulo.

Ao lado, carimbo do primeiro dia de circulação do Rio de Janeiro.

Nesta obra estão inseridas e explicadas duas máximas que caracterizam de forma determinante a religião e a moral espíritas: "Fé inabalável é somente aquela que pode encarar a razão, face a face, em todas as épocas da humanidade" e "Fora da Caridade não há salvação" (*esta contida em ambos os carimbos*).

José Herculano Pires

Herculano Pires e o II Congresso Nacional de Espiritismo

O II Congresso Nacional de Espiritismo teve como tema central: "Espiritismo, o grande desconhecido", inspirado na obra homônima do prof. Herculano Pires, *"Curso Dinâmico de Espiritismo"* — o grande desconhecido".

Prova do carimbo comemorativo da abertura do Congresso

O emérito professor é autor do livro *O Espírito e o Tempo — Introdução Antropológica ao Espiritismo*", considerado pelos especialistas um dos melhores livros espíritas do século XX. Tal obra de referência, também, influenciou alguns trabalhos do Congresso.

Herculano Pires e o existencialismo

Herculano Pires (1914 - 1979) foi um profundo estudioso das filosofias existencialistas, confrontando-as com o existencialismo espírita de que as obras, *O Ser e a Serenidade* e a *Concepção existencial de Deus*, são exemplos.

Kierkegaard
(1813-1855)

Sartre (1905-1980)

Herculano Pires e Allan Kardec

O professor Herculano Pires é considerado o maior intérprete do pensamento do Codificador. Foi ainda considerado como o grande "zelador da pureza doutrinária" do Espiritismo. Grande parte da sua vida foi uma luta constante em defesa da Doutrina, tanto no interior como no exterior do movimento espírita.

Carimbo comemorativo do 1º Congresso Espírita Mundial, Brasília, 1 a 5 de outubro de 1995.

Grandes vultos do Espiritismo

Léon Denis

Léon Denis (1846-1927), o continuador natural de Allan Kardec, considerado o grande "Filósofo do Espiritismo" legou-nos verdadeiras obras primas da literatura espírita como *Depois da Morte* (1890), *Cristianismo e Espiritismo* (1900), *O Problema do Ser, do Destino e da Dor* (1908), *O Grande Enigma* (1911).

Prova do carimbo comemorativo da abertura do 2º C.E.M.

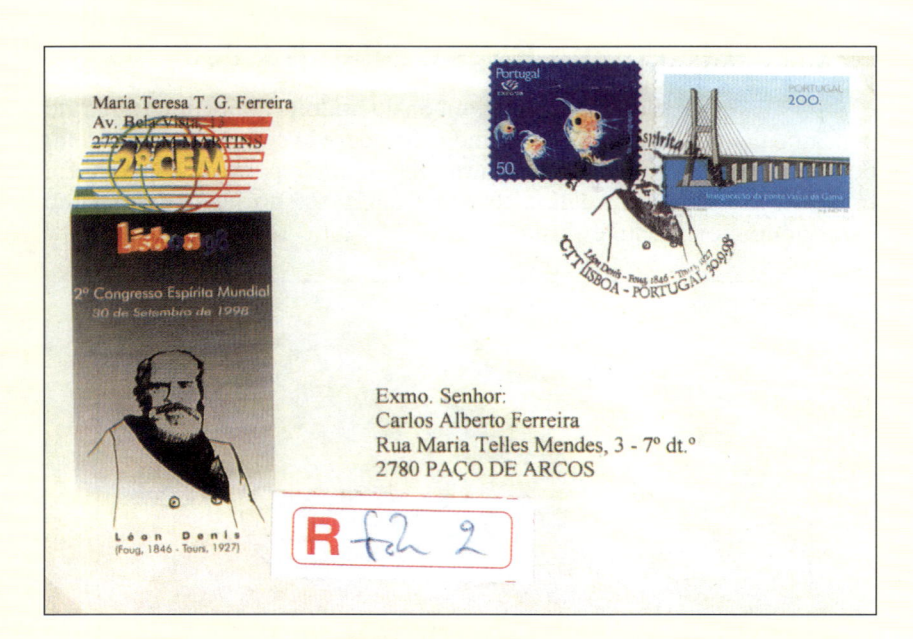

Léon Denis foi escolhido para patrono do 2º Congresso Espírita Mundial realizado em Lisboa (FIL-Junqueira), nos dias 30 de Setembro, 1, 2 e 3 de Outubro de 1998, que teve a presença de 3.051 congressistas, sendo 1.058 portugueses e os restantes 1.993 provenientes de 28 países.

Presença do Espiritismo no Universo Filatélico 233

A cidade de Tours foi a terra adotiva do "Druida da Lorena", como também ficou conhecido Léon Denis.

Joana d'Arc e Jerônimo de Praga foram os dois Espíritos que tutelaram as suas atividades doutrinárias de escritor, estudioso da mediunidade, conferencista, pois foi um orador notável, inspirado por esses Benfeitores Espirituais. Durante sessenta anos divulgou incansavelmente a Nova Revelação.

Joana d'Arc
(1410-1431)

Bezerra de Menezes

Bezerra de Menezes (1831-1900), médico, deputado, escritor e espírita eminente, cognominado de "Médico dos Pobres" e "Allan Kardec brasileiro", foi e é, como Espírito, o grande batalhador pela unificação dos espíritas em torno da Codificação Espírita, que Kardec legou com tanto sacrifício e renúncia.

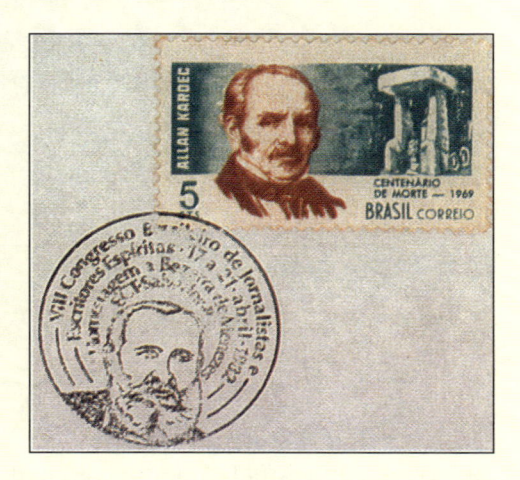

Carimbo comemorativo ao "VIII Congresso de Jornalistas e Escritores Espíritas", realizado na cidade de Salvador, Bahia, de 17 a 21 de abril de 1982.

O abnegado Benfeitor foi membro de várias sociedades científicas, dentre as quais a *Sociedade de Geografia de Lisboa*.

Sociedade de Geografia de Lisboa, fundada em 1875

Não obstante, ter (re)nascido no Ceará, fez toda a sua existência na capital de então — Rio de Janeiro —, onde concluiu o curso de medicina; fez o serviço militar como cirurgião-tenente; por vários anos ocupou a presidência da Câmara Municipal da Corte; foi também durante dez anos um parlamentar atuante e digno.

Fez da política a estrada luminosa de auxílio ao povo, nunca deixando de exercer a medicina de forma gratuita para os necessitados, comprando ainda os medicamentos para os mesmos. Acima, inteiro-postal (15 e novembro de 1889), ilustrado pela cidade na época.

Grandes médiuns espíritas
Yvonne Amaral Pereira
Obra do espírito Bezerra de Menezes

Este venerando Espírito deixou-nos através da mediunidade de Yvonne A. Pereira (1906-1984) três relatos verídicos de elevado valor doutrinário e histórico: *Dramas da Obsessão* (1963), que nos relata a perseguição terrível de uma família judia pela Inquisição e suas conseqüências funestas; *A Tragédia de Santa Maria* (1957), relato dos efeitos de uma calúnia feita numa fazenda do Brasil do século XIX, ao tempo da escravatura;...

Prova do carimbo comemorativo do segundo dia do 2º C.E.M.

...e *Uma História Triste* (1928), pequena narrativa que nos conta a história real de uma jovem que se deixou seduzir pela "porta larga" que o Mundo oferece. Este relato constitui a primeira parte da obra *Nas Telas do Infinito* (1955).

Um pouco de História do Espiritismo no Mundo

Dramaturgia com temática espírita

George Sand

George Sand, de seu verdadeiro nome era Armentine Aurore Dupin, foi a pioneira do teatro espírita com a peça "O Drac", que escreveu em 1861 para o teatro de Nohant. É uma comédia de enredo inteiramente espírita. Drac é um espírito brincalhão.

George Sand
(1804-1876)

Victor Hugo
(1802-1885)

Alma profundamente sensível que abominava tudo o que resvalasse para a prepotência social, política ou social. Cria convictamente na **reencarnação**. Victo Hugo chamou-a de "a mulher do século".

Chopin
(1810-1840)

Alfred de Musset
(1810-1857)

Delacroix
(1799-1863)

Irlandeses ilustres

O poeta William Butlhler Yeats, prêmio Nobel de Literatura em 1923, escreveu uma peça teatral espírita em 1934. A obra "The Words Upon the Window — Pane", é toda ela uma sessão mediúnica, de caráter espírita, realizada num velho solar do séc. XVIII.

William B. Yeats
(1865-1939)

Sarah Bernhardt
(1844-1923)

Bernard Shaw
(1856-1950)

George Bernard Shaw, faz afirmações espantosas no prefácio da sua peça "Buoyant Billins", que revelam a origem mediúnica da sua obra teatral. A sua mãe foi uma espírita sincera e médium psicógrafa.

Sarah Bernhardt

Sarah Bernhardt foi uma das maiores atrizes de teatro de sempre. Espírita convicta, não teve qualquer pejo, numa época de grande intolerância, em representar de forma superior a comédia dramática em três atos "Spiritisme", no Théâtre de la Renaissance, em Paris, no dia 8 de fevereiro de 1897.

A peça de autoria do dramaturgo Victorien Sardou, membro da Sociedade Parisiense de Estudos Espíritas e amigo de Allan Kardec, foi incluída no Index da Igreja Católica Romana. Só em 1978, foi traduzida e publicada em português, com o título de "Amargo Despertar".

MINISTÉRIO DAS COMUNICAÇÕES
Departamento dos Correios e Telégrafos
Diretoria de Correios
Seção Filatélica — BRASIL

CENTENÁRIO DE MORTE DE ALLAN KARDEC

Allan Kardec é o pseudônimo do educador francês Professor Hippolyte Léon Denizard Rivail, conceituado mestre da Pedagogia pestalozziana.

Descendente de antiga e tradicional família lionesa, que se distinguiu na magistratura e na educação, Rivail nasceu em 1804, sendo educado sob a direção do célebre pedagogista Henrique Pestalozzi, no famoso Instituto de Yverdon (Suíça).

Tornando-se um dos mais fervorosos discípulos de Pestalozzi, empenhou-se em divulgar na França os novos métodos educacionais. Em Paris, fundou e dirigiu diversos estabelecimentos de ensino, onde os alunos recebiam dêle o tratamento de "meus amigos". Organizou, ainda, cursos gratuitos de várias ciências, e foi preparador dos cursos que êle e o ilustre Prof. Lévi-Alvarès davam a alunos de ambos os sexos no *faubourg* de Saint-Germain.

Publicou, desde os 20 anos de idade, mais de uma vintena de obras didáticas, algumas adotadas pela Universidade de França, e que atingiram sucessivas reedições. Várias memórias suas, sôbre a reforma e organização do ensino, mereceram a atenção dos Podêres Públicos da França, e uma delas, de 1831, foi premiada com medalha de ouro pela Academia Real das Ciências, de Arrás.

Chef d'institution da Academia de Paris, poliglota, lingüista, tradutor, conferencista eloqüente, douto escritor, o Prof. Rivail era membro de mais de uma dezena de Sociedades e Institutos culturais de sua Pátria, com o seu nome inscrito em conhecidas obras biobibliográficas da época.

Por volta de 1854, sua atenção foi atraída para os fenômenos das chamadas "mesas girantes e falantes". Sem idéias preconcebidas, com espírito científico, observou, experimentou e concluiu, erigindo as bases do edifício doutrinário do Espiritismo. De 1857 em diante, usou o pseudônimo de *Allan Kardec*, com o qual publicou dezesseis obras espíritas, das quais se destacam, por sua maior importância: "O Livro dos Espíritos", "O que é o Espiritismo", "O Livro dos Médiuns", "O Evangelho segundo o Espiritismo", "O Céu e o Inferno" e "A Gênese", muitas delas editadas em cêrca de quinze idiomas.

A obra espírita de Allan Kardec, considerada pelo sábio Prof. Charles Richet "uma teoria grandiosa e homogênea, e também admirável feixe de fatos", espalhou-se por várias partes do Mundo, conquistando milhões de seguidores, que desenvolvem, máxime no Brasil, elogiável trabalho no campo da assistência social e moral.

Cognominado "o bom-senso encarnado" pelo astrônomo Camilo Flammarion, Allan Kardec tem o seu nome inserido em grandes Dicionários e Enciclopédias, inclusive brasileiros e luso-brasileiros.

Falecido aos 31 de março de 1869, em Paris, seus despojos repousam no Cemitério do Père-Lachaise, sob um monumento dolmênico que se tornou, segundo a imprensa leiga de várias nações, num dos sepulcros mais visitados pelos turistas.

Consoante o lema kardequiano: *Trabalho — Solidariedade — Tolerância*, o Espiritismo vem empenhando, ao lado das demais religiões, redobrados esforços na construção de um mundo melhor.

À vista dêsses motivos, o Departamento dos Correios e Telégrafos resolveu associar-se às celebrações do 1.º Centenário de Morte de Allan Kardec, lançando esta emissão comemorativa.

Características

EDITAL	8 / 69
Valor	5 centavos
Côres	verde e sépia
Rotogravura	2 côres
Formato	retangular horizontal
Papel	couché — bobinado — filigranado
Filigrana	Brasil — estrêla — Correio
Desenhista	Bernardino da Silva Lancetta
Dimensões	0,021 m X 0,039 m
Fôlha	25
Tiragem	2.000.000
Data da emissão	31 de março de 1969
Impressora	Casa da Moeda

Rio de Janeiro (Gb), em 4 de março de 1969

(a) General RUBENS ROSADO TEIXEIRA
Diretor Geral

CARLOS ALBERTO TAVARES GOMES FERREIRA, nasceu em 15 de Junho de 1953, em Vila Luso (hoje Luana), Angola. É bancário, casado com Raquel Maria Passos Castro Gomes, trabalhadores no Centro Espírita "Perdão e Caridade", Lisboa. Tem duas filhas, Filipa (19 anos) e Inês (7 anos).

Teve o primeiro contato com o Espiritismo no dia 31 de Agosto de 1979, no Centro Espírita "Perdão e Caridade". No CEPC exerceu a função de secretário da sua direção de 1980 a 1989.

Participou na década de 1980 nos primeiros Encontros Nacionais de Jovens Espíritas e em quase todos os Conselhos Federativos da Federação Espírita Portuguesa como delegado do CEPC. Em 1992, integrou a Comissão Organizadora das primeiras Jornadas Espíritas Nacionais, realizadas em Lisboa no Mosteiro dos Jerônimos e no Padrão das Descobertas; integrou a comissão organizadora do II Congresso Nacional de Espiritismo, realizado em 1994 (Lisboa); o I Congresso realizou-se em 1925. Em 1996, foi convidado a integrar a comissão organizadora do 2º Congresso Espírita Mundial realizado em 1998, em Lisboa, com a presença de 3.051 congressistas, representando 29 países; 1.800 brasileiros provenientes de 25 Estados do Brasil. Atualmente, é responsável por grupos doutrinários (estudo, assistência espiritual e desobsessão), no CEPC. Procura também divulgar o Espiritismo por meio da Filatelia.

Este livro foi composto em Times New Roman, corpo 11/12.
Papel Offset 75g – Bahia Sul
Impressão e Acabamento
Book RJ Gráfica e Editora – Rua Clark, 136 – Moóca – São Paulo/SP
CEP 03167-070 – Tel.: (0_ _11) 6605.7344 – e-mail: bookrj@terra.com.br